Jennie Nash

Ich zieh den Mut an wie ein neues Kleid

Wie ich den Krebs überlebte

Aus dem Amerikanischen
von Maja Ueberle-Pfaff

HERDER

FREIBURG · BASEL · WIEN

Titel der amerikanischen Originalausgabe:
The Victoria's Secret Catalogue never stops coming
and other lessons I learned from breast cancer,

Gedruckt auf umweltfreundlichem,
chlorfrei gebleichtem Papier

www.herder.de
Layout & Satz: DTP-Studio Helmut Quilitz, Denzlingen
Druck und Bindung: fgb · freiburger graphische betriebe 2002
www.fgb.de
ISBN 3-451-27737-9

Für Carlyn und Emily,
in Erinnerung an
Lisa Capps
und
Lori Molina

Ich bin eine ausgefranste und angenagte Überlebende in einer gefallenen Welt, und ich schlage mich nicht schlecht durch. Ich werde älter und bin angefressen und habe meinerseits schon reichlich gegessen. Ich bin nicht blitzsauber und schön, Herrin über eine strahlende Welt, in der alles zusammenpasst, sondern ich wandere voll Staunen auf einem zersplitterten Wrack herum, das ich lieb gewonnen habe, dessen angenagte Bäume eine zarte Luft atmen, dessen blutbeschmierte und narbige Tiere meine liebsten Gefährten sind und dessen Schönheit nicht in seinen, sondern überwältigenderweise trotz seiner Unvollkommenheiten pulst und leuchtet, unter den windzerfetzten Wolken stromauf und stromab.

Annie Dillard, Der freie Fall der Spottdrossel

Inhalt

Einleitung

Die meisten von uns können wenig zur Heilung von Brustkrebs beitragen. Wir können einen Scheck ausstellen oder an Benefiz-Läufen teilnehmen, aber wir stehen nicht im Labor und arbeiten mit Impfstoffen und Genen oder entwickeln neue Diagnosemethoden, die die Mammographie eines Tages vielleicht überflüssig machen werden. Was wir allerdings tun können – ob wir nun krebskrank waren oder jemandem beistehen oder jetzt, in dieser Minute, das Schreckliche selbst erleben: Wir können unsere Geschichte erzählen. Geschichten helfen. Geschichten heilen. Ihre Geschichte rettet vielleicht einem anderen Menschen das Leben oder hilft ihm, die Nacht zu überstehen. Oder sie ist das Einzige, was Ihnen selbst ein gewisses Maß an Gelassenheit bringt.

Es ist nicht immer leicht oder unproblematisch, die eigene Geschichte zu erzählen. Zwei Tage, nachdem bei mir Krebs diagnostiziert worden war, schickte mir eine gute Freundin – auch eine Schriftstellerin – per E-Mail eine kurze Nachricht: „Du schreibst doch alles auf, oder?" Ich brach in Tränen aus, weil mir die Idee so grotesk vorkam. Doch in den vielen schlaflosen Nächten meiner Krankheit nahm die Geschichte langsam in meinem Kopf Gestalt an. Während mein Mann und unsere beiden kleinen Mädchen im dunklen Haus fest schliefen, begann ich sie aufzuschreiben. Ich schrieb darüber, wie gut mein Instinkt funktioniert, wie erstaunlich stabil meine Kinder sind, dass mein Vater meine Unterwäsche zusammenlegt und es manchmal einfach Glückssache ist, ob wir leben dürfen und sterben müssen.

Ich schrieb eine Reihe von Lektionen: über das, was ich gelernt und wie ich mich verändert hatte und stellte fest, dass der Brustkrebs mir Lebensweisheit geschenkt hatte. Ich bin sechsunddreißig und eine weise alte Frau. Wenn Sie diese Krankheit überstanden haben oder jemandem, der sie hatte, geholfen haben, diese Welt zu verlassen, dann sind Sie vermutlich auch weise geworden. Auch Sie können eine Geschichte erzählen und ich finde, Sie sollten sie erzählen, ob sie nun auf Papier geschrieben, in ein Ohr geflüstert oder auf einer Versammlung ins Megafon gerufen wird. Auch wenn das nicht gleich die Heilung bedeutet, so ist es doch die Wahrheit und deshalb unbedingt wichtig.

Lektion 1

Überleben ist eine Sache des Instinkts

Sie kennen Ihren Körper besser als jeder andere. Wenn Sie glauben, dass Sie Krebs haben oder davon träumen oder ganz fest davon überzeugt sind, dass der Krebs, den sie besiegt hatten, zurückgekommen ist, dann holen Sie sich die Antworten, bis Sie Gewissheit haben – so oder so. Selbst wenn man Sie für hysterisch und hypochondrisch hält – trauen Sie Ihrem Instinkt. Die Frühentdeckung von Krebs kann Leben retten, und das ist so ziemlich das einzige sichere, was man von ihm behaupten kann.

Lange bevor ich es sicher wusste, ahnte ich, dass ich Krebs hatte. Die Idee nistete sich in meinem Bewusstsein ein wie ein Lied – eine Melodie, von der ich nicht wusste, wie ich sie gelernt hatte, die mir aber trotzdem nicht mehr aus dem Kopf ging und sich hartnäckig Gehör verschaffte.

Die ersten leisen Töne erklangen, als ich einen Zeitungsartikel aus meinem kalifornischen Heimatort Santa Barbara las. Obwohl ich inzwischen fast zweihundert Kilometer südlich lebe, hörte das Telefon nicht mehr auf zu klingeln: „Hast du's schon gehört?" – „Hast du mit ihr gesprochen?" – und überbrückte damit die räumliche Distanz: Bei Lisa, einer lieben Freundin aus unserer High School, war fortgeschrittener Lungenkrebs mit Metastasen festgestellt worden. Das machte Schlagzeilen, denn Lisa war die Tochter einer Kongressabgeordneten, die zwei Jahre zuvor das Mandat von ihrem Mann übernommen hatte, der einer Herzattacke erlegen war. Es war eine schreckliche, eine geradezu unglaubliche Neuigkeit – so als ob der Blitz zweimal am gleichen Ort eingeschlagen hat. Sofort griff ich zum Telefon und rief Lisa an, weil ich hoffte, der Bericht sei ein Irrtum und es handele sich nur um ein furchtbares Gerücht, oder – ich muss es gestehen – sie hätten den Namen verwechselt und Lisas jüngere Schwester oder ihr Bruder seien betroffen.

Nathan, Lisas Mann, nahm den Hörer ab, und ich stellte mir vor, wie er stoisch und selbstlos im Wohnzimmer ihres

Hauses in Berkeley stand und auch noch mit einem ständig klingelnden Telefon fertig wurde. Ich kannte Nathan nicht gut, aber ich wusste noch, wie er Lisa im College angehimmelt hatte. Er war damals einfach davon überzeugt gewesen, dass er diese Frau heiraten würde, Lisa hatte sich gedreht und gewunden, ganz fixiert auf die theoretische Frage, wie man den Mann fürs Leben finden konnte und woran sich erkennen ließ, ob dieser eine nun der Richtige war. Das alles war vergessen, als Lisa Nathan nach Hause brachte: Sie war sehr groß, sehr blond und hatte sehr blaue Augen und ein fröhliches, offenes Gesicht, Nathan sah wie ihr Zwillingsbruder aus und schien speziell dazu geschaffen, ihr Lebenspartner zu werden.

Er erzählte mir dasselbe, was er all den anderen entsetzten Anruferinnen erzählte, die sich an jenem Abend nach Lisa erkundigten: „Es ist wahr. Wir haben es gerade erst erfahren. Sie ruft zurück, wenn wir mehr wissen."

In der Santa Barbara High School glänzte Lisa Mitte der achtziger Jahre als Partykönigin beim Abschlussball, nahm als Langstreckenschwimmerin im ganzen Land an Wettkämpfen teil, hielt die Abschiedsrede unserer Klasse und war meine Banknachbarin, die erste Person, die meinen Ehrgeiz erkannte, verstand und unterstützte. Sie war ein kluges Mädchen, das auf ihre Klugheit stolz war, und schon allein dafür hätte ich sie geliebt. Denn sie zeigte mir, dass auch ich Grund hatte, stolz zu sein. Wir stellten uns denselben Stundenplan mit denselben anspruchsvollen Kursen zusammen und ermunterten und motivierten einander, unsere hoch gesteckten Ziele zu erreichen und unseren Ehrgeiz wach zu halten. Damals waren wir uns noch nicht darüber im Klaren, wie unsere Ziele denn aussahen oder wohin uns unser Ehrgeiz führen würde; wir fühlten nur das unbändige Verlangen, etwas zu tun oder jemand zu sein, und dieses Verlangen brachte uns zusammen – manchmal ganz unerwartet.

Im Sommer nach unserem ersten Collegejahr flog ich nach England, um an einem Seminar über Shakespeares Dramen teilzunehmen. Ein aufregendes Abenteuer, aber ich hatte von dem Moment an, in dem ich in Los Angeles ins Flugzeug stieg, Heimweh. Ich war die jüngste Teilnehmerin – fünf Jahre jünger als die anderen – und hatte Angst vor der intellektuellen Herausforderung, aber auch vor dem fremden Land und einer Gruppe mir fremder Menschen. Wir verbrachten zwei Tage in London, bevor wir nach Stratford weiterfuhren, wo unser Kurs stattfand. An einem dieser Tage besuchten wir die St. Pauls Cathedral. Ich saß in einer Kirchenbank, starrte an die Decke und hörte die gedämpften Geräusche der Besucher, die sich bemühten, leise zu sein, als jemand meinen Namen sagte – viel zu laut. Ich fuhr herum und entdeckte Lisa, die alle anderen überragte, im Seitenschiff.

Ich lief auf sie zu und umarmte sie. „Was machst du denn hier?“, wollte ich wissen, weil ich dachte, sie hätte eine Botschaft für mich oder wollte mir etwas bringen, was ich vergessen hatte.

„Mein Dad hat einfach beschlossen herzukommen“, erklärte sie. Ich warf einen Blick über ihre Schulter zu ihrem Dad, so als würde seine Anwesenheit dafür bürgen, dass sie tatsächlich hier war.

„Aber woher weißt du denn, dass ich hier bin“, bohrte ich weiter. Vielleicht hatte meine Mutter, die in einem Reisebüro arbeitete, Insider-Informationen weitergegeben.

„Ich hatte keine Ahnung, dass du hier bist“, lachte Lisa. „Ich dachte, du sitzt in irgend einem dunklen, alten Theater in Stratford und schaust dir *Ein Wintermärchen* an.

„Erst am Mittwoch“, sagte ich, plötzlich wieder voller Vorfreude auf das, weshalb ich eigentlich in England gekommen war.

Während unseres letzten Winters in der High School rasten Lisa und ich mittags in ihrem roten VW-Cabrio nach Hause, um in der Post nachzusehen, welche Colleges uns nehmen wollten. Lisa bekam mehr Antworten als ich, aber wir wählten schließlich die Colleges, an denen wir meinten, unsere Träume verwirklichen zu können. Sie ging nach Stanford und ich nach Wellesley im Osten, dreitausend Meilen von zu Hause entfernt.

Nach dem College heirateten wir und bekamen beide zwei Kinder – Lisa Jungen, ich Mädchen. Zeitweise lebten wir in New York und Los Angeles nicht weit voneinander entfernt, aber wir definierten unsere Freundschaft nie über Ehemänner und Kinder. Sie war sozusagen ein Bündnis gegenseitiger Ermutigung. Lisa drängte mich, weiterhin zu schreiben, was ich wollte und nicht das, was andere von mir erwarteten, und ich spornte sie an, sich selbst und ihren Ideen treu zu bleiben, während sie sich durch das akademische Labyrinth hindurchmanövrierte. Sie arbeitete auf einen Abschluss in Psychologie hin und qualifizierte sich durch innovative und preisgekrönte Arbeiten über biographisches Erzählen, in denen sie Elemente aus der Linguistik und der Psychologie verband. Sie interessierte sich für die Art und Weise, wie Menschen mit unterschiedlichen psychischen Störungen ihre Geschichten erzählen, warum sie dies tun und was es zu bedeuten hat.

In ihrem dritten Winter als Assistant Professor für Psychologie in Berkeley bekam Lisa einen Husten, der sich einfach nicht bessern wollte. Statt dass man ihr sagte, sie habe Streptokokken oder Bronchitis oder eine Lungenentzündung wie so viele andere in der kalten Jahreszeit, bekam sie zu hören, sie habe Lungenkrebs, der bereits die Wirbelsäule befallen hatte. Niemand verlor ein Wort darüber, wie lange sie noch zu leben hatte, aber das war auch nicht nötig. Lungenkrebs mit Metastasen ist selbst bei einer ansonsten gesunden 35-Jährigen eine extrem bösartige Krankheit.

Ich wollte sofort nach Berkeley fliegen, um irgendwie zu helfen – aber natürlich wollten alle kommen, um irgendwie zu helfen und es war nicht für uns alle Platz, weder im Haus noch in Lisas Krankheit. Lisas Mutter wollte kommen, wenn Lisa ihre Chemotherapie begann, danach würde ihre Schwester folgen, und schließlich konnten Lisa und Nathan auf ein Netzwerk treuer, verständnisvoller Freunde zurückgreifen, die ihre beiden Jungen und den Tagesablauf kannten und wussten, welche Art von Hilfe wirklich nötig war. „Komm nicht", sagte Lisa, „im Moment ist mir alles ein bisschen zu viel." Ich war nur eine alte Freundin, die weit weg lebte und im Zentrum der Krise nicht gebraucht wurde. Ich fühlte mich hilflos, fast gekränkt und tat das Einzige, was mir übrig blieb: Ich machte mir Sorgen; ich redete mit gemeinsamen Bekannten darüber; ich schickte ihr Karten und Briefe, Zitate und Geschichten – und ich kaufte ihr einen Hut.

Lisa meinte, dass sie durch die Chemotherapie sofort alle Haare verlieren würde und wollte keine Perücke tragen. Sie hatte sich mit ihrer Mutter einige Modelle angesehen und konnte sich nicht dazu überwinden, eines zu kaufen oder zu tragen. Ich hätte vermutlich dasselbe getan. Ich durchstöberte die Geschäfte nach Hüten, die weich und apart aussahen und fand einen Baumwollhut mit einem wasserblauen Batikmuster, der genau zu Lisa passte. Blau, wie ihre Augenfarbe. Hell, wie ihr freundliches Wesen. Nicht zu aufgeputzt oder gouvernantenhaft. Ich war richtig stolz auf mich, als ich ihn einpackte und in einen wattierten Umschlag steckte, aber kaum hatte ich ihn zur Post gebracht, da ging mir auf, wie mager meine Bemühungen waren. Sie trugen nichts zu Lisas Heilung bei und sie halfen mir nicht, die Angst um meine Freundin zu bewältigen.

Mitten in der Nacht fuhr ich aus dem Schlaf hoch, meine Gedanken überschlugen sich und ich stellte mir vor, wie es sein musste, Lungenkrebs zu haben. Vor meinem geistigen Auge sah ich, wie Lisas Atem langsam in ihre Lungen einströmte und wieder hinaus, während sie wach lag und an die Zellen dachte, die die Aufforderung, sich nicht weiter zu teilen, einfach nicht befolgen wollten. Ich hörte, wie ihr fünfjähriger Sohn David zu ihr tapste und etwas Unschuldiges sagte wie: „Ich hol dir ein Pflaster für deinen Krebs, ja, Mama?" Sie würde Tränen in den Augen haben, wenn sie entweder lügen und sich bedanken oder ihm die Wahrheit sagen und damit einen Schock versetzen musste. Ich sah, wie ihr Mann sie auf eine Weise anschaute, die seine große Angst verriet, dass sie sterben und ihn mit einem Haus, zwei Jungen und einem auf Gemeinsamkeit ausgerichteten Leben allein lassen würde.

Ich hatte so viele und so lebhafte Phantasien zu den Schrecken dieser Krankheit, dass ich nach ein paar Tagen fest glaubte: Dies können nicht nur Phantasien sein. Ich war mir fast sicher, auch ich hatte Krebs. Ich hatte eine kleine Verhärtung an der linken Seite meiner Brust bemerkt und sie seit Monaten für einen gezerrten Muskel oder eine Art wiederkehrendes Sodbrennen gehalten. Jetzt war ich überzeugt, dass es sich um eine Masse unersättlicher Krebszellen handelte, die sich durch meine Brust fraßen.

Man kann sich so gut vorstellen, selbst Krebs zu haben, weil er in der Regel keine feststellbare Ursache hat. Wenn man nicht gerade in einer Asbestfabrik arbeitet oder zwei Päckchen Zigaretten am Tag raucht, kann man nie wirklich erklären, warum sich eine Krebserkrankung im Körper entwickelt. Es können die Hormone in der Milch sein, die Pestizide auf dem Obst, der Smog in der Luft, der Stress in unserem Leben oder das nitratgesättigte Wurstbrot, das Sie im Kindergarten und in der Grundschule täglich in Ihrem Vesperpaket hatten. Es könnte damit zu tun haben, wie früh Sie Ihre Periode oder wie spät Sie Ihre Kinder bekommen haben, wie wenig Sie sie gestillt haben, wie lange Sie die Pille genommen haben – oder alles zusammen. Jede und jeder kann Krebs bekommen, aus einem der genannten Gründe oder aus keinem bestimmbaren Grund, warum also nicht ich? Und was dann?

Ich bin nicht hypochondrisch im üblichen Sinn des Wortes. Ich stelle mir nicht ständig vor, fürchterliche Krankheiten zu haben, deren reale oder eingebildete Symptome ich an mir feststelle. Ich komme sogar aus einer ausgesprochen gesunden Familie: Niemand wird krank und alle leben so lange, dass man dann eher von Hinwelken als von Sterben sprechen kann. Die Krankheiten, vor denen ich mich fürchte, sind immer hypothetisch – etwas, das im leeren Raum der Zukunft geschehen könnte. Sie sind die Gedankenspiele einer Frau, die Hunderte von Büchern darüber gelesen hat, wie Dinge auseinander brechen, die ein Scheidungskind ist und früh gelernt hat, dass nichts für immer ganz bleibt. Abgesehen von den Untersuchungen, die mit Schwangerschaft und Geburt zu tun hatten, war ich in den vergangenen zehn Jahren genau dreimal beim Arzt gewesen.

Als ich jetzt zu meiner Hausärztin ging, war ich mir bewusst, dass meine Geschichte ziemlich verrückt klang: Ich hatte eine schmerzende Stelle an der Brust, die sich verschlimmerte, als ich erfuhr, dass meine Freundin Lungenkrebs hat und ich merkte, dass ich ihr nicht helfen konnte. Ich setzte mich auf den Untersuchungstisch und überlegte ernsthaft, ob ich mich nicht lieber wieder anziehen und aus der Tür schlüpfen sollte. Was mich daran hinderte, war ein Plakat an der Wand neben der Liege. Es zeigte eine Abbildung der Lungen mit einem roten, gesunden Lungenflügel und einem grauen, von Krebs befallenen. Ein detaillierte Vierfarbdruck von Lisas Krankheit.

Als die Ärztin mit meinem Patientenblatt in der Hand erschien und mich nach dem Grund meines Kommens fragte, erzählte ich von der schmerzenden Stelle und fügte rasch hinzu, dass es da auch noch diese Freundin gab, genau in meinem Alter, mit zwei Kindern wie meinen, die wegen Husten zum Arzt gegangen und mit einer Krebsdiagnose nach Hause gekommen war. Meine Ärztin hörte zu, nickte und untersuchte die Brust. „Da ist nichts“, sagte sie mit gerunzelter Stirn und schüttelte den Kopf. „Ich nehme an, es ist eine geprellte Rippe, aber wenn Sie sicher sein wollen, warum lassen Sie nicht eine Mammographie machen?“

Ich hätte nun heimgehen und die ganze Sache vergessen können, überzeugt, dass ich meine Wahnvorstellungen zu weit getrieben hatte. Die meisten Frauen warten bis vierzig mit ihrer erste Mammographie. Viele Gesundheitsbehörden hätten es gerne, dass wir erst mit fünfzig anfangen, wenn unsere Brüste nicht mehr so fest sind und unsere Chancen, einen negativen Befund zu erhalten, abnehmen. Aber Lisa hatte mir bewiesen, dass Krebs keine Altersgrenze kennt und ich wollte reinen Tisch machen. Eine Woche später stand ich halbnackt in einem kalten Zimmer und eine Röntgenassistentin mit kalten Händen quetschte meine Brüste nacheinander zwischen die kalten Platten einer kalten Maschine und forderte mich auf, den Atem anzuhalten. Sie trat hinter ein Schutzschild, produzierte ein Geräusch, das mich an Darth Vaders Laserschwert erinnerte und sagte mir dann, ich solle mich anziehen und warten, während sie die Aufnahmen der Radiologin zeigte.

Ich wartete im Untersuchungszimmer und dachte an Lisa. Sie hatte in einem Raum wie diesem gesessen und auf die Ergebnisse eines Tests wie meinem gewartet und jemand war hereingekommen und hatte das Wort Krebs gesagt. Wie war es, so etwas zu hören? Wie hatte sie sich gefühlt? Wie würde ich mich fühlen? Vermutlich eher geschockt als erstaunt. Schließlich saß ich hier in einer medizinischen Abteilung, deren einziger Zweck es war, Krebs in weiblichen Brüsten zu finden. Sie würden mir hier sicher nicht erzählen, mit meiner großen Zehe stimme etwas nicht. Entweder sie fanden Krebs oder sie fanden keinen. Entweder war ich weiterhin eine Zuschauerin beim Kampf meiner Freundin um ihr Leben – eine besorgte Außenstehende, die die Nase gegen die Scheibe presste – oder ich nahm an ihrem Kampf auf die persönlichste und gefährlichste Weise teil, die es gab. Daran dachte ich, aber in Wirklichkeit glaubte ich keine Sekunde lang, dass jemand in den Raum kommen und mir mitteilen würde, dass etwas nicht in Ordnung sei.

Die Radiologin bestätigte dann auch, was meine Ärztin schon herausgefunden hatte: An der Stelle, über die ich geklagt hatte, gab es nur gesundes Gewebe. Ich nickte. Davon ließ ich mich gerne überzeugen. Allerdings, fuhr sie fort, gäbe es in meiner anderen Brust kleine Verkalkungen, die sie im Auge behalten wolle. „Vielen Frauen haben das", erklärte sie, als sprächen wir über fettige Haut oder Zellulitis, „und bei neunzig Prozent hat es nichts zu bedeuten, besonders bei einer Frau Ihres Alters. Kommen Sie in sechs Monaten wieder und wir untersuchen noch einmal."

Sicher, kein Problem, wir untersuchen nochmal, dachte ich. Also hatten sich meine Befürchtungen als unbegründet erwiesen. Dass irgendwo anders in meinem Körper als in meiner linken Brust etwas nicht stimmen könnte, kam mir nicht in den Sinn, und weil dort nichts gefunden worden war, kam meine Phantasie endlich zur Ruhe. Nachts rissen mich keine Albträume mehr aus dem Schlaf.

In den nächsten sechs Monaten kämpfte Lisa weiter gegen den Krebs. Sie sprach nicht gerne über die Nebenwirkungen ihrer Behandlung oder über ihre Zukunft; wenn wir miteinander redeten, wollte sie immer wissen, wie es meinen Kindern ging oder meiner Arbeit, und so erzählte ich verlegen von Emilys Schwimmkurs, Carlyns Rechtschreibprüfung und die mysteriösen Error-Meldungen, die mir mein Computer schickte. Die Geschichte ihrer Krankheit setzte ich mir aus Gesprächen mit Freunden in New York, San Francisco, Washington und Santa Barbara zusammen. Wir ergänzten unseren jeweiligen Wissensstand – sie hat mir das erzählt und sie mir das, und die Mutter von der und der hat zufällig Lisas Mutter getroffen, die das und das über ihre Prognose gesagt hat. Lisas Krebs war inoperabel. Sie hatte zwei Zyklen hoch dosierter Chemotherapie erhalten, um das Tumorwachstum in ihrer Lunge und ihrer Wirbelsäule zu stoppen. Sie machte Yoga und nutzte Meditation, Visualisierungstechniken und Akupunktur, um ihre geistigen Kräfte gegen ihre Krankheit einzusetzen.

Obwohl ich immer wieder nachfragte, wollte Lisa auch weiterhin nicht, dass ich die kurze Reise zu ihr unternahm, weil sie nie wusste, welche Tage gut und welche schlecht sein würden. Mir war es gleich, ob ich an einem schlechten oder guten

Tag kam, aber dann sah ich ein, dass ich sie mehr zu meinem eigenen Trost als zu ihrem besuchen wollte. Es machte mich verrückt, dass ich ihre Wünsche respektieren und zu Hause bleiben musste. Ich wollte ihr nahe sein und mit eigenen Augen sehen, was sie durchmachte. Stattdessen schickte ich ihr weitere Karten – Zitate aus Annie Dillards *Der freie Fall der Spottdrossel* und den Entwurf einer Geschichte über meinen irrationalen Wunsch, Carlyn das Klavierspielen nahe zu bringen, obwohl ich es selbst nie gemocht hatte. Sie schrieb mir zurück, wenn sie konnte – fröhliche E-Mail-Botschaften und kurze Briefchen in ihrer charakteristischen, geschwungenen Handschrift:

ICH LIEBE das Zitat von Annie Dillard. Ich habe das Buch beim ersten Anlauf nicht geschafft, aber jetzt inspiriert es mich. Ich weiß noch GENAU, wie wir in New York zu ihrer Lesung gegangen sind. Mir hat etwas gefallen, was sie über Gott gesagt hat. Das lässt mich nicht los. Morgen fahre ich zur nächsten Chemo nach Stanford, vor der es mir graust, aber ich versuche, nicht daran zu denken. Ich glaube, ich spüre schon die positive Wirkung.

Alles Liebe, Lisa

P. S. Hab ich dir schon für den Hut gedankt? Er ist TOLL! Es passt perfekt, die Farbe ist super und er ist bequem … und ich bin kahl.

Ich steckte Lisas Karten wie Gebetsfähnchen an die Pinnwand in meinem Arbeitszimmer und hatte trotzdem immer noch das Gefühl, ich müsste mehr für sie tun.

Nach sechs Monaten erhielt ich den Brief der Radiologin; Zeit für die Kontrolluntersuchung. Widerwillig vereinbarte ich einen Termin, ging in die Praxis und unterzog mich erneut der kalten Prozedur. Nach der Mammographie sagte die Arzthelferin dasselbe wie beim ersten Mal – ich solle mich wieder anziehen und warten, bis sie der Radiologin die Aufnahmen gezeigt habe –, aber diesmal kam sie zurück und kündigte an, sie werde eine Vergrößerung machen, um auch wirklich das Bild zu bekommen, das sie wollten. Gute Idee, dachte ich. Ich stellte mich vor die Maschine, hielt den Atem an, setzte mich hin und blätterte in *Heim und Garten*. Die Arzthelferin kam ein zweites Mal zurück und erklärte, die Ärztin wolle in dem Raum an Ende des Flurs einen Ultraschall machen. Langsam dämmerte mir, dass etwas Ungewöhnliches vor sich ging. Warum wollten sie einen Ultraschall? Hatten nicht neunzig Prozent der Frauen diese Verkalkungen, und hatten sie sich nicht als harmlos erwiesen? So stand es im Arztbrief. Ich fragte die Helferin, was denn los sei, aber sie konnte nicht mehr sagen, als dass die Ärztin meine Fragen beantworten würde.

Die Radiologin kam in den Ultraschall-Raum und strich mit kalten Händen kaltes Gel auf meine Brust. „Wonach suchen Sie?“, quiekte ich.

„Es sieht so aus, als hätte sich die Form der Verkalkungen verändert“, sagte sie. „Ich will sicher gehen.“ Das klang nicht so schlimm, doch dann sagte sie: „Natürliche Verkalkungen sehen wie Teetassen aus. Sie verändern sich nicht. Verkalkungen, die auf Tumore hinweisen, haben eine andere Form.“

Ich starrte an die Decke. Tumore?

Sie strich mit dem Gerät über meine Brust und blickte konzentriert auf den schwarzweißen Bildschirm. Nach wenigen Sekunden sagte sie: „Das sieht mir ganz nach einer Biopsie aus.“

„Eine Biopsie?“ Für den Bruchteil einer Sekunde fragte ich mich, ob das ein Witz sein sollte.

„Wir können sie hier in der Praxis machen“, sagte sie. „Es ist ein einfacher Eingriff. Tut überhaupt nicht weh.“ Sie gab mir eine Broschüre, die angeblich all meine Fragen beantwortete und ich nahm sie mit, obwohl mir keine einzige Frage einfiel.

Die Möglichkeit, dass man bei mir Krebs finden könnte, hatte ich komplett verdrängt. Ich plante für die folgende Woche Carlyns Geburtstagsfeier und suchte Material für die Schreibwerkstatt zusammen, an der ich am Wochenende teilnehmen wollte. Wenn ich überhaupt an die bevorstehende Biopsie dachte, dann nur an den Prozedur selbst. Was man bei mir vornehmen wollte, war eine so genannte stereotaktische Herdbiopsie. Ich gab den Begriff im Internet ein und erfuhr, dass es sich um eine relativ neue Methode handelte, die es Ärzten erlaubte, eine Stelle auf dem Computerbild der Brust genau einzugrenzen und in ihrer Umgebung Gewebeproben zu entnehmen. Das erinnerte mich an ein Geologieseminar aus der Studienzeit. Als mir eine Freundin von einer anderen Freundin berichtete, die gerade eine – sehr schmerzhafte – Biopsie hinter sich gebracht hatte, rief ich die Radiologin an und fragte sie nach der Narkose und ob ich problemlos hinterher zur Schreibwerkstatt fahren könne. Die Frage „Und was ist, wenn …?“ kam mir überhaupt nicht in den Sinn. Meine Mutter ließ sich nicht davon abbringen, die zwei Stunden mit dem Auto zu fahren, um am Freitag bei mir sein zu können. Das fand ich unnötig und fast aufdringlich. Ich fragte mich nur, wieso sie sich plötzlich so mütterlich verhielt.

Nachträglich war ich unendlich dankbar, dass meine Mutter die Voraussicht besessen hatte, zu mir zu kommen, denn die Biopsie war schmerzhaft – sehr schmerzhaft – und es war tröstlich, dass jemand im Wartezimmer saß und auf mich wartete.

Zuerst musste ich mich auf eine starre, wellige Liege legen, dann ließ mich die Radiologin meine Brust in ein steriles Lochtuch schieben. Anschließend durfte ich mich nicht mehr bewegen. Sie gab mir eine örtliche Betäubung, die die Brust schmerzunempfindlich machen sollte. Es funktionierte nicht. Sie versuchte es fünfmal, aber der Erfolg blieb aus. „Sie brechen ja alle Narkoserekorde", sagte sie fröhlich. Jedes Mal, wenn sie die Nadel in mich hinein stach, um Gewebe zu entnehmen, kam es mir vor, als stieße jemand ein Messer in meinen weichen Bauch und drehe es dort herum. Ich schluchzte, weil mir – zu spät – einfiel, dass mein Körper auch bei den Geburten auf die besten Medikamente nicht reagiert hatte, und ich bemitleidete mich, dass mir so etwas schon wieder passierte. Eine Schwester brachte mir ein Papiertaschentuch und erinnerte mich daran, dass ich mich nicht bewegen durfte. Als die 45-minütige Prozedur vorbei war, saß ich auf dem Tisch, drückte einen Wattebausch gegen das bleistiftgroße Loch in meiner Brust und weinte – weil es endlich vorüber war und weil es so schrecklich weh getan hatte. Der Radiologin tat ich so Leid, dass sie meine Mutter aus dem Wartezimmer holte und sie bei mir sitzen ließ, während ich ein Cold Pack gegen die Wunde drückte.

Die nächsten Tage verbrachte ich bei der Schreibwerkstatt, und obwohl meine Brust bandagiert war wie bei einer Mumie, ließ ich mich auf die Teilnehmer und die Arbeit so ein, dass ich den Gedanken an das Resultat von mir schieben konnte. Am Montag jedoch wanderte ich rastlos durch das Haus, weil ich auf den Anruf der Ärztin wartete, und als die Kinder aus der Schule kamen, hielt ich es nicht mehr aus. Mein Schicksal war ohnehin besiegelt. Entweder hatte ich Krebs oder nicht, und ich konnte daran nichts mehr ändern.

„Kommt, wir gehen zum Kürbisfeld", sagte ich und holte ihre Schuhe und Jacken.

Ich hasste das Kürbisfeld. Es war eine ehemalige Autowaschanlage, aus der jemand eine schmuddelige, überteuerte Mischung aus Streichelzoo, Freizeitpark und Kürbisbeet gemacht hatte und aus der ein paar Wochen später eine schmuddelige, überteuerte Mischung aus Adventsmarkt, Freizeitpark und Weihnachtsbaumverkauf werden würde. Für mich roch es dort immer nach Trauer und Verfall. Der Ort war passend, um auf eine Nachricht zu warten, die mit 50-prozentiger Wahrscheinlichkeit Traurigkeit und Zusammenbruch bedeuten würde. Ich nahm eine von Carlyns Freundinnen aus der Nachbarschaft mit, weil Carlyn bettelte und ich nicht die Energie hatte, es ihr auszureden. Wir kletterten ins Auto und fuhren los, um auf einem fast leeren Feld Kürbisse zu ernten.

Der Anruf kam, als wir weg waren. Es war eine vage bedrohliche Nachricht meiner Hausärztin. „Ich möchte morgen mit Ihnen sprechen. Rufen Sie in der Praxis an und vereinbaren Sie einen Termin." Während die Kinder mit Markern, die sie normalerweise nicht anrühren durften, Gesichter auf die Kürbisse malten, wählte ich die Nummer der Ärztin, weil ich sie unbedingt erreichen wollte, bevor sie nach Hause ging. Innerlich zitterte ich haltlos – mein Herz und mein Magen fühlten sich flau an, während meine Finger ruhig die Nummer wählten. Meine Ärztin nahm sofort ab und bestätigte es mir, ja, ich habe Brustkrebs. Es war ein früher, noch nicht tastbarer Krebs, der sich durch die Milchdrüsengänge der rechten Brust ausbreitete, wohin sich meine Phantasie nie verirrt hatte.

Ich rief Rob im Büro an und sagte nur drei Worte: „Ich habe Krebs."

Ich betonte das Wort Krebs und ließ dabei einen fragenden Ton mitschwingen, als ob ich eine seltene Krankheit habe, die man sich nur von gehörnten, violetten Zecken im Amazonasbecken holt und mich frage, wie so etwas bloß passiert sein könne. Er erwiderte vier Worte und seine Stimme klang matt und fassungslos: „Ich komme gleich heim."

Als nächstes rief ich bei der Radiologin an und hoffte inständig, dass sie noch in der Praxis wäre. Auch sie nahm gleich ab, aber sie klang viel weniger tröstlich als die meiner Hausärztin. Sie sprach mit kühler, kompetenter Stimme, die eine Spur Ungeduld verriet. Mein Krebs, erläuterte sie, war bisher auf die Brust beschränkt, doch es handelte sich um einen aggressiven Zellentyp. Als ich sie fragte, was ich jetzt tun solle, erwiderte sie, ich solle mir einen Onkologen und einen Chirurgen suchen. Diese Worte – *Onkologe, Chirurg* – versetzen mir einen größeren Schock als das Wort *Krebs*.

Rob kam nach Hause, während ich telefonierte, ließ seine Aktenmappe im Flur fallen und kniete sich neben meinen Stuhl. Erst als ich ihn sah, fing ich an zu weinen. Ich schlug die Hände vors Gesicht und schluchzte. Der Gedanke, dass er mit betroffen war, war mir schrecklich. Seine Mutter war erst vor sechs Jahren an Brustkrebs gestorben und er hatte es nicht verdient, das alles noch einmal durchzumachen. Er verdiente eine gesunde Frau. Doch nun würde ich jemand sein, der ihn zwingen konnte, sein Versprechen, in guten und in schlechten Tagen zu mir zu stehen, auch zu halten. So hatte ich mir unser gemeinsames Leben nicht vorgestellt. Ich hatte immer angenommen, Rob würde vor mir sterben.

Als sie mich weinen hörten, kamen die Mädchen angelaufen. „Macht euch keine Sorgen", sagte ich und schickte sie zu ihren Kürbissen zurück, „ich hatte nur gerade schlechte Nachrichten von der Ärztin."

„Musst du eine Spritze kriegen?", fragte Emily.

„So ähnlich", schwindelte ich.

Ich fühlte mich verletzlich, als könne sich der Krebs bei jeder abrupten Bewegung wie ein Buschfeuer in meinem Körper ausbreiten. Ich fühlte mich körperlich reduziert, als verdränge mein Körper weniger Luft als noch Augenblicke zuvor. Aber ich fühlte mich auch ungeheuer wach, als sei ich aus der Dunkelheit in das helle Tageslicht getreten. Ich hatte meinen Krebs nicht sehen und nicht fühlen können, aber ich hatte seinen Ruf gehört. Das machte mich auf gewisse Weise stolz und selbstsicher, und ich wusste genau, was ich zu tun hatte: ihn aus meinem Körper vertreiben.

Lektion 2

Schlechte Nachrichten verlieren ihren Schrecken, wenn man über sie spricht

Es gibt nichts Befreienderes als über die Krankheit zu reden. In der Regel bekommen Sie sofort Unterstützung, Verständnis, Sympathie, Kameradschaftlichkeit – und sogar gute praktische Ratschläge, wo Sie bequeme Büstenhalter kaufen können. Das nimmt dem Krebs das Geheimnisvolle, seinen Nimbus und gibt Ihnen die Macht in die Hand. Sie können den Telefonhörer abnehmen, ein Fax schicken, eine E-Mail schreiben, an die Tür der Nachbarin klopfen – alles, was Ihnen hilft, Ihre Geschichte zu erzählen und sie in eine Welt von Menschen zu schicken, die Sie liebt und sich um Sie sorgt.

Dass ich Krebs hatte, erstaunte und verwunderte mich zunächst einmal. Ich dachte überhaupt nicht daran, dass man mir die Diagnose einer potentiell tödlichen Krankheit gestellt hatte, sondern war überzeugt, Lisa und meine eigene Imagination hätten mir das Leben gerettet. Ich hatte Glück gehabt, dass der Krebs so früh entdeckt worden war. Ich musste an eine Kollegin denken, die mir erzählt hatte, ihr Kurzfilm habe einen Preis gewonnen: Plötzlich riefen alle, die sie je gekannt hatte, bei ihr an und gratulierten ihr. Die Neuigkeit war offenbar so umwerfend, dass sie die Leute aus allen Schlupflöchern lockte, weil sie so erstaunt und fasziniert waren. Ähnlich intensiv erlebte ich meine Neuigkeit. Dass so etwas überhaupt passierte – dass ein nicht tastbarer Krebs durch eine außerplanmäßige Mammographie entdeckt wurde –, war so gut wie ein Hauptgewinn. Es war zwar schrecklich, aber auf perverse Art auch wieder aufregend. Ich wollte, dass es alle erfuhren.

Dieses Mitteilungsbedürfnis war mir nicht neu. Ich hatte Geheimnisse noch nie gut für mich behalten können. Indem ich über meine Unzufriedenheiten, Enttäuschungen und Wünsche rede und schreibe, kann ich mich ihnen stellen, sie gestalten und verstehen. Ich habe zumindest die Illusion, sie zu kontrollieren. Ich mag es auch nicht, wenn Dinge mich unnötig belasten. Ich bringe sie gerne hinter mich. Ich mag Entschlossenheit. Das Schlimmste, was ich mir in diesen ersten Stunden vorstellen konnte, war, dass die Menschen, die mich lieben, die Neuigkeit noch nicht wussten.

Als ich mich wieder gefangen hatte, wiederholte ich für Rob all die beängstigenden Worte, die ich gerade gehört hatte. Er hielt mich im Arm und dann machte er den Mädchen Hot Dogs. Begeistert über diesen unerwarteten Glücksfall – Abendessen vor dem laufenden Fernseher – ließen sie sich aufs Sofa plumpsen und schauten sich einen Film über eine Hexe an, die lernen muss, an ihre Macht zu glauben.

Zuerst rief ich meine Mutter an. Ihr Telefon klingelte einmal, zweimal, dreimal. Als sich der Anrufbeantworter einschaltete, entschloss ich mich in Sekundenschnelle, eine Nachricht zu hinterlassen. „Ich bin's. Ich habe Krebs. Mehr weiß ich noch nicht, aber ich gehe morgen zur Ärztin. Ruf an, wenn du Zeit hast." Ich überlegte nicht, wie grausam es für sie war, wenn sie die Taste drückte und vielleicht Nachrichten von einer Kundin wegen einer Peru-Reise erwartete und stattdessen hörte, dass ihre Tochter Brustkrebs hatte. Doch ich musste es einfach tun.

Nach diesem ersten Anruf wählte ich wie wild alle möglichen Nummern – die meiner Schwester, meines Vaters, meiner Studien-Freundin, meiner Nachbarin, meiner lieben Freundin Lori. Nicht eine von ihnen war zu Hause. Ich hatte gerade erfahren, dass ich krebskrank war und alle waren im Supermarkt oder Fitness-Center oder im Auto auf dem Heimweg. Warum standen sie nicht parat, um meine Neuigkeit zu hören? Ich verbreitete meine Nachricht im ganzen Land. Es war mich wichtiger, sie loszuwerden als tatsächlich mit irgendjemand darüber zu sprechen. Ich wollte die Neuigkeit loswerden und meinte, dass sie so weniger schmerzen würde.

Nach ein paar Minuten kamen die Rückrufe. Alle waren schockiert, sogar diejenigen, die über meine Biopsie Bescheid gewusst hatten, und ihre Reaktionen waren dramatisch und mitfühlend. Sie schnappten nach Luft. Sie weinten. Ich war fünfunddreißig, Mutter von zwei kleinen Mädchen und ich hatte Krebs. Es war entsetzlich! Erschütternd! Was für ein Wunder, dass man es entdeckt hatte!

Am nächsten Morgen war mein Krebs zu einer Geschichte geworden, die ich mit den dazu passenden Gefühlen wiederholen, zusammenfassen und weitergeben konnte. Sie war nicht mehr neu und fremd. Die Wandlung fand statt, als ich am Schreibtisch saß und so tat, als arbeite ich, während ich in Wirklichkeit auf meinen Arzttermin und damit auf den Beweis wartete, dass ich wirklich Krebs hatte. Irgendwie hoffte ich noch immer, dass alles nicht wahr wäre – dass ich die Ärztin falsch verstanden hatte oder ihre Aussagen falsch interpretiert oder dass sie mich vielleicht mit einer anderen Patientin verwechselt hatte. Ich stellte mir vor, wie ich sie alle wieder anrufen müsste und ihnen sagen – tut mir Leid, es war ein Irrtum, ich bin gesund.

Inmitten diese Anfalls von Verleugnung bekam ich von meinem Freund Doug, den ich wie Lisa aus der Highschool kannte und der mich mit Informationen über ihre Krankheit versorgt hatte, überraschend per E-Mail ein paar launige Zeilen. Ich drückte auf „Beantworten“ und schickte ihm einen kurzen, kühlen Bericht meiner Diagnose. Seine Antwort kam per Telefon und bestand aus einem Wort: „Was??“

Wieder stürzte ich mich in meine Geschichte. Mein Lieblingssatz lautete, wie wunderbar es doch war, dass man die Krankheit entdeckt hatte. Diesen Teil mochte ich besonders gerne, weil ich nicht wollte, dass Freunde und Familie nur traurig waren. Ich wollte kein Mitleid, das hatte zu viel mit Verantwortung zu tun. Ich sprach lieber über das Wunder, weil das genau meinem Gefühl entsprach: Ich war geschockt, dass ich Krebs hatte und glücklich, dass er so früh entdeckt worden war.

Während jener ersten chaotischen vierundzwanzig Stunden, in denen das Telefon nicht aufhörte zu klingeln, war ich nicht die Einzige, die den Hörer abnahm. Manchmal war Rob am Apparat und gab seine Version der Geschichte weiter. Zuerst hörte ich zu und gab in Gedanken meinen Kommentar dazu: ‚Vergiss das nicht', oder ‚Das stimmt aber nicht ganz!' Manchmal dachte ich auch bloß: Gib mir den Hörer. Ich wollte nicht, dass Rob meiner Schwester erzählte, wie es mir ging, und ich wollte auch nicht, dass meine Freundin Denise meine Freundin Nancy fragte: „Hast du das von Jennie gehört?" Es war meine Geschichte und ich wollte sie mit meiner Stimme erzählen. Ich wollte sie selbst gestalten und jedes Mal ein wenig verändern können, wie man es tut, wenn man etwas häufig erzählt und schließlich jede Nuance, jeden Satz kennt. Ich wollte hören, wie sie am anderen Ende den Atem anhielten und bei welchen Worten sie um Fassung rangen. An ihren Reaktionen wollte ich merken, dass ich wichtig war, dass es eine außerordentliche Geschichte war und dass ich lebte.

Ich hatte mit Lisa oft darüber gesprochen, welche Macht das Erzählen der eigenen Geschichte hat. Ihre Doktorarbeit handelte davon, wie Autisten über sich selbst sprechen und durch ihre begrenzte Sprache eine Identität ausbilden. Lisa hatte Stunden in Labors zugebracht, Gespräche geführt und auf die Rhythmen und Muster geachtet, die ihre Patienten benutzten. Sie hörte darauf, wie Menschen sich beim Sprechen schützen, definieren und heilen. Das galt für Autisten in ihrem Kampf um Kommunikation ebenso wie für Vietnam-Veteranen, die darum kämpften, ein Teil der Geschichte ihres Landes zu sein, oder für Mütter, die sich abmühten, inmitten von Kinderlärm ihre eigene Stimme zu behalten. Immer wenn ich gemeint hatte, mein Schreiben sei sinnlos oder mit dem Muttersein nicht zu vereinbaren, hatte mich Lisa ermutigt, weil sie fand, dass Geschichten von Müttern überaus wichtig sind.

Ich hielt den Mund, wenn Rob telefonierte, weil ich an seine Mutter dachte. Das war das Einzige, was mir wirklich nahe ging – wie verwundbar und verzweifelt Rob sein musste, wie unfair das alles für ihn war. Das Einzige, was mir genauso bedeutsam erschien wie mein Krebs war, dass Robs Mutter an Brustkrebs gestorben war und jetzt auch seine Frau diese Krankheit hatte. Rob selbst schien von dieser Parallele nicht besonders betroffen; er verhielt sich wie immer – vernünftig und willens, alles zu tun, was getan werden musste. Ich warte-te seit sechs Jahren darauf, dass ihn der Tod seiner Eltern ins Wanken bringen würde, doch bisher war es nicht passiert. Er war kein Mensch, der so leicht aus dem Gleichgewicht zu bringen war. Dass ich ihn meine Geschichte erzählen ließ, war meine Art, ihn um Verzeihung zu bitten, dass er noch einmal mit Brustkrebs zu tun hatte, und mich bei ihm zu bedanken.

Nur einmal hatte ich Bedenken, meine Krebs-Geschichte zu erzählen: bei meinen Kindern. Mit der Notlüge von der „schlechten Nachricht der Ärztin“ gewann ich nur ein wenig Zeit. Meine Kinder sind – wie alle Kinder – scharfsinnig, instinktsicher und neugierig. Sie würden schnell merken, dass etwas nicht stimmte und nachhaken. Ich wollte nicht lügen. Es gehört zu meiner Aufgabe als Mutter, ihnen die Bedeutung von Ehrlichkeit zu vermitteln, aber es ist auch meine Aufgabe, sie zu schützen. Wenn ich ihnen von meinem Krebs erzählen würde, würde ich zugeben, dass die Welt unheimlich, gefährlich und unkontrollierbar ist. Ist es das, was sie im Alter von dreieinhalb und sieben hören sollen? In einer Welt, die in Ordnung ist, gewiss nicht. Aber unsere Welt war nicht länger in Ordnung. Ich musste es ihnen irgendwie so mitteilen, dass sie sich immer noch sicher fühlten. Das würde nicht leicht werden.

Carlyn, die bald sieben Jahre wurde, wusste bereits, dass Brustkrebs tödlich enden kann. Robs Mutter Jean starb, als Carlyn ein Jahr alt war. Wir fuhren einige Tage vor ihrem Tod nach Houston und wohnten in einem Hotel in der Nähe ihres Hospizes. Wir nahmen Carlyn jeden Tag zu ihr mit. Wir saßen bei ihr und warteten. Jean sah aus, als schliefe sie, aber ihre Atemzüge wurden immer langsamer und ihre Beine und Arme immer kälter. Carlyn wanderte meistens im Zimmer umher, schaute aus dem Fenster, saß bei uns auf dem Schoß und trank Saft. Am Tag, als Jean ihren letzten Atemzug tat, trat sie durch die Tür ins Zimmer, blieb stehen und sagte: „Bye-bye." Niemand hatte ihr gesagt, dass Jean gestorben war oder was der Tod bedeutet; Carlyn hatte es einfach verstanden.

Wir hatten Carlyn und Emily oft erzählt, wie Carlyn den Tod intuitiv verstanden hatte. Es war eine inspirierende und heilsame Geschichte über die Macht der Intuition. Jetzt allerdings waren wir besorgt. Was, wenn Carlyn nun fragte, ob ich sterben würde? Was würden Rob und ich antworten? Vermutlich würde die Antwort ‚nein' lauten. Der Krebs war in einem frühen Stadium entdeckt worden und die Ärzte glaubten, dass er noch auf die Brust beschränkt war. Meine Überlebenschancen waren sehr gut. Aber bei Krebs kann man sich nie sicher sein. Eine winzige Zelle kann sich irgendwo durch den Körper bewegen und nach einem günstigen Platz suchen, an dem sie sich einnisten und unendlich teilen kann. Die korrekte Antwort wäre ‚ja – aber vielleicht nicht jetzt, vielleicht nicht durch diesen Krebs'. Rob und ich beschlossen, nein zu sagen.

Zwei Tage nach der Diagnose setzten wir uns mit den Mädchen auf das grüne Sofa vor dem Kamin. Das ist ein Ort, der für wichtige Familienereignisse reserviert ist wie Diskussionen über Tischmanieren oder eine neue Aufteilung der Haushaltspflichten. Ernstere Probleme hatten wir bisher noch nicht besprechen müssen.

„Die schlechte Nachricht, die ich neulich von der Ärztin bekommen habe", fing ich an, „ist, dass ich Krebs in der Brust habe."

Bevor ich Luft holen und fortfahren konnte, unterbrach Carlyn: „Wirst du sterben wie die Mama von Papa?"

Ich lächelte schief. Was für ein schlaues Mädchen, dass ihr die Parallele auffiel, und was für schlaue Eltern wir doch waren, dass wir das vorausgesehen hatten!

„Nein", antwortete Rob. „Oma Jean hatte eine schlimme Art Krebs. Mama hat eine gute Art." Das war die Worte, auf die wir uns geeinigt hatten, um die Tatsache, dass die Krankheit früh entdeckt worden war, verständlich auszudrücken.

„Puhhh", seufzte Carlyn und wischte sich mit der Hand über die Stirn. Das war alles, was sie wissen wollte – ob ich sterben würde. Nachdem sie sich vergewissert hatte, dass das nicht passieren würde, wandte sie ihre Aufmerksamkeit den Kissenhüllen, dem Reißverschluss am Polster und der Rückenlehne des Sofas zu, auf dem sie herumturnte.

Emily, erst dreieinhalb und von Natur aus einfühlsamer, wollte mehr wissen. Was ist Krebs? Wie würde ich ihn aus mir herausholen? Würde das weh tun?

Wir tupften mit einem Bleistift Punkte auf ein Papier, die wir dann ausradierten, um zu zeigen, was die Ärzte tun würden. Wir versicherten ihr, selbst wenn es weh tat, würde das nicht so schlimm für mich werden. Sie nahm ein Blatt Papier, zeichnete Punkte und übte sich im Ausradieren.

„Es tut mir Leid, dass du Krebs hast, Mama“, sagte sie und ihre kleine Stirn war gerunzelt.

„Mir auch“, sagte ich.

In früherer Zeit, als Krebskrankheiten noch verheimlicht und in vielen Kulturen und Familien tabuisiert wurden, glaubten die betroffenen Frauen vermutlich, sie seien die Einzigen auf dem Planeten mit dieser Krankheit. Sie müssen sich furchtbar einsam gefühlt haben. Als ich allen meine Geschichte erzählte, war die Folge, dass mir nun alle wiederum ihre erzählten. Jede Frau hatte eine Schwester oder Tante oder Mutter, jemanden in der Familie oder im Kollegen- und Freundeskreis oder in der Nachbarschaft, der oder die Krebs bekommen hatte. Ich hörte eine Geschichte nach der anderen über Knoten und Tests, Operationen und Behandlungen. Manchmal ließen sich die Leute so mitreißen, dass sie vergaßen, dass sie mit einer Frau sprachen, die gerade erst ihre Diagnose verkraften musste, und berichteten von Rückfällen und Tod. Dann gab es Tage, an denen ich so viele Geschichten hörte, dass ich mich fragte, ob ich vorher mit verschlossenen Ohren durch die Welt gelaufen war. Ich hatte die Überschriften und die Zeitschriftenartikel gelesen („Brustkrebs – eine neue Epidemie?“ – „Gibt es Heilung?“), aber die Geschichten hatte ich nicht gehört.

Manche Krebspatientinnen können es nicht ertragen, wenn ihnen erzählt wird, dass andere an der Krankheit gestorben sind. Eine Frau aus meiner Bekanntschaft reagierte auf solche Zumutungen mit dem schonungslosen Kommentar: „Du wirst auch mal sterben.“ Sie hatte gelernt, dass das eine wirksame Methode war, Leute zum Schweigen zu bringen. Mir erging es anders. Ich wollte nicht, dass meine Gesprächspartnerinnen verstummten, nicht einmal, wenn ihre Geschichten schlecht ausgingen. Es war, als teilten sie mir durch ihre Schilderungen unterschwellig mit: „Das ist mir nicht fremd", „Es ist nicht so schlimm", oder „Du bist nicht allein."

Manchmal geben die Menschen in einer solchen Situation auch ganz eigenartige Äußerungen von sich. Ich kenne eine Krebspatientin, deren Schwester sie in einem Anfall von Zorn böse anfuhr: „Dass du Brustkrebs hast, erhöht die Wahrscheinlichkeit, dass ich ihn kriege, um ein Drittel!" Eine andere Frau sagte ihrem Vater, dass sie krank war, woraufhin er nie wieder mit ihr sprach. Man erhält nicht immer die Reaktion, die man sich wünscht, wenn man offen über den Krebs spricht, aber man kann selbst entscheiden, welche man ignoriert. Immerhin erfährt man Geschichten, erhält Ratschläge und Unterstützung. Was wir heute wissen – und früher, in den Tagen der Heimlichkeit nicht wussten – ist, dass Krebs eine chronische Krankheit ist. Es ist nicht so, dass man ihn hat, überwindet und alles wäre ausgestanden. Man lebt mit ihm, er bleibt für den Rest des Lebens eine Realität, selbst wenn er nicht mehr akut vorhanden ist. Die Unterstützung durch Familie und Freunde kann für die Gesundheit von entscheidender Bedeutung sein – wie im Falle älterer Menschen, die einen Hund zur Gesellschaft haben, der bei ihnen sitzt und ihnen jeden Tag bekundet, dass sie nicht ganz allein auf der Welt sind.

Die Letzte, der ich meine Neuigkeit mitteilt, war Lisa. Ich schrieb ihr auf einer Karte, was passiert war und wie. „Du hast mir das Leben gerettet", schrieb ich. „Und ich wollte dir danken."

Sie reagierte umgehend:

Ich bete, dass sie es bei dir früh genug entdeckt haben. Ich bete, dass du keine Chemo brauchst. Ich liebe dich sehr. Sei stark.

Lektion 3

Kein Geburtstag ohne Kuchen

Eine lebensbedrohliche Krankheit eignet sich hervorragend dazu, herauszufinden, was wirklich wichtig ist. Selbst wenn Sie nicht so bald sterben werden, schärft der Gedanke an die Nähe des Todes den Geist. Die Dinge in Ihrem Leben, die ein Segen sind und die für Sie bedeutsam sind, geraten in den Vordergrund und Sie lassen die weniger wichtigen Dinge los. Manchmal macht es die Behandlung unmöglich, das Gute zu genießen – aber es besteht ja die Hoffnung, dass die Behandlung nur eine Zeitlang dauert.

Meine Ärzte – der Onkologe und der Chirurg, die ich ausgesucht hatte – empfahlen mir, eine zweite Meinung einzuholen und die Brust-Sprechstunde am Revlon Breast Center der Universität von Los Angeles aufzusuchen, denn es war nicht ganz klar, um welche Art von Krebs es sich handelte. Die Zellen sahen aus, als seien sie auf die Milchdrüsengänge beschränkt, aber wegen ihrer aggressiven Nuclei stellte sich die Frage, ob es nicht außerhalb der Kanäle schon winzige Streuungen gegeben hatte. Sie wollten sichergehen, dass sie die richtige Krebsart behandelten. Die Klinik bietet einen Ein-Tages-Marathon, bei dem die Patientinnen in einem Untersuchungszimmer sitzen und im Laufe von sechs Stunden mit einem Chirurgen, einem Radiologen, einem Onkologen, einer Pathologin, einer Psychologin und einer Krankenschwester sprechen – plus deren studentischem Gefolge. Am Ende des Tages treffen sich die Spezialisten und schicken die Patientin mit einem detaillierten Behandlungsplan nach Hause. Der früheste Termin, den ich in der Klinik bekam, fiel zufällig mit Carlyns siebtem Geburtstag zusammen.

Meine Biopsie hatte ich verdrängt, doch der Krankheit stellte ich mich. Ich wusste, ich hatte Glück gehabt, sie so früh zu entdecken, aber ich wusste auch, dass die Uhr tickte und niemand voraussagen kann, nach welchem Zeitplan sich Krebs ausbreitet... Es war nicht sehr wahrscheinlich, dass ich an dieser Erkrankung sehr bald oder überhaupt sterben würde, aber möglich war es. Das war eine ganz neue Vorstellung für mich, und ich bin heute immer noch verblüfft darüber, dass wir nicht jeden Tag aufwachen und uns bewusst sind, dass wir sterben werden. Wir leben Tage, Wochen, Monate und Jahre dahin und halten uns für unsterblich. Unser Körper, der tausend natürliche Schocks aushalten muss, ist so verwundbar, aber unser Geist ist sehr stark. Wir stehen jeden Tag auf und glauben an unser Leben, bis wir durch ein Untersuchungsergebnis wachgerüttelt oder fast von einem Lastwagen überfahren werden. Auf keinen Fall konnte ich zu Hause bleiben, Geburtstagstorte essen und Luftballon-Volleyball spielen – aber das machte die Entscheidung auch nicht leichter. Carlyns Geburtstag ist sehr wichtig für mich. Denn ich feiere an diesem Tag nicht nur ihr Größerwerden und ihre vielen Veränderungen, sondern auch die Tatsache, dass ihre Geburt mich nicht mehr quält.

Alle sagen, ein gesundes Baby sei das Wichtigste an einer Geburt und dem stimme ich auch zu. Ich kenne Frauen, die diese Erfahrung nicht machen durften und deren Trauer und Leid tief und grenzenlos sind. Ich bekam ein gesundes Baby, für das ich jeden Tag dankbar bin, aber die Geburt war ein traumatisches Erlebnis für mich. Die Wehen dauerten sehr lange und endeten in einem Kaiserschnitt. Die Epiduralanästhesie funktionierte nicht richtig. Ich spürte, wie das scharfe Skalpell der Chirurgin meinen Bauch aufschnitt. Ich schrie, sie solle aufhören und musste mich vor Schmerz übergeben. Als sie mir Minuten später mein gesundes kleines Mädchen reichen wollte, schüttelte ich den Kopf. Ich war zu traumatisiert, um sie zu halten. In den nächsten drei Tagen wurde Carlyn von meinem Mann versorgt und mir von der Schwester zum Stillen an die

Brust gehalten, aber alles, an das ich mich erinnere, sind Wellen von Übelkeit, die die Schmerzmittel verursachten, Wellen von Wundschmerz und Wellen von Ärger, dass sich die Leute so sehr um das Baby bemühten und so wenig um mich.

Schuldgefühle, Groll und Verwirrung quälten mich über ein Jahr lang. Man nennt das manchmal den „Baby Blues", aber die Depression nach der Geburt ist keineswegs so niedlich wie dieser Begriff glauben machten will. Ich fragte mich, ob es richtig gewesen war, ein Baby zu bekommen und machte mir gleichzeitig Sorgen, ob ich Carlyn irreparablen Schaden zugefügt hatte, weil ich sie in ihren ersten drei Lebenstagen nicht im Arm halten und versorgen konnte. Ich verließ nur ungern das Haus, denn ich geriet schnell in Panik, wenn Carlyn schlief, während ich spazieren ging oder eine Freundin besuchte. Ich lebte nur noch für die Zeiten, in denen sie schlief – endlich befreit von Lustlosigkeit und Verantwortung! – und wenn sie fehlten, fühlte ich mich erschöpft und ausgelaugt. Wenn Rob morgens das Haus verließ, einen scheinbar sorglosen Tag vor sich, brachte mich allein sein Anblick zum Weinen.

In Carlyns erstem Lebensjahr kümmerte ich mich um sie – und ich kümmerte mich gut – aber es dauerte lange, bis ich sie richtig lieben konnte. Ich hatte noch nie so hart um eine Beziehung gekämpft und Carlyn bestand diesem Kampf gemeinsam mit mir. Wir wollten einander lieben und mit der Zeit fanden wir einen Weg. Wir schufen eine sichere, starke, fröhliche Beziehung und inzwischen freue ich mich jeden Tag über sie. Meine zweite Tochter Emily dagegen liebte ich vom ersten Augenblick an. Das fiel mir leicht. Es war eine völlig andere Erfahrung, die mir aus anderen Gründen lieb und teuer ist. Jedes Jahr an Carlyns Geburtstag fragt mich meine Mutter, ob ich mich noch an die Ereignisse jenes Tages erinnere.

Sie glaubt, dass Geburtstage in vieler Hinsicht eher Feier-Tage für die Mutter sind, die immerhin die ganze Mühe hatte, wogegen das Kind einfach kam. Jedes Mal nicke ich – ja, ich erinnere mich. Und ich bin stolz darauf, wie weit wir es gebracht haben.

Kaum hatte ich mich entschieden, an Carlyns Geburtstag in die Klinik zu fahren, da stürzte ich mich auch schon in Aktivitäten, um sie für meine Abwesenheit zu entschädigen. Ich buk Muffins für ihre Fußballmannschaft, knüpfte bunte Bänder um die glänzenden Lesezeichen, die wir für ihre Klassenkameradinnen gebastelt hatten und fragte, mit wem, abgesehen von mir und ihrem Vater, sie am liebsten den Tag verbringen und wie sie am liebsten feiern würde. Ihre Antwort war klar und ihr Wunsch leicht umzusetzen: Sie wollte Emily und unsere Nachbarn, die Honakers, dabei haben und zum Burger King essen gehen.

„Du versteht, warum Papa und ich nicht bei dir sein können, oder?"

„Du musst mit den Ärzte reden, wie ihr den Krebs rausholt", sagte sie leicht irritiert. Sie hatte mich schon beim ersten Mal verstanden und ließ sich jetzt nicht stören.

„Und du weißt, dass ich bei deiner Party am Freitag auf alle Fälle dabei bin. Nichts wird mich davon abhalten."

„Das hast du schon mal gesagt, Mama."

„Und du weißt, ich wünschte, es wäre anders."

„Mama!", rief sie entnervt. Sie freute sich auf die Muffins für ihr Training und die Hamburger zum Abendessen und einen langen Spieltag mit den Nachbarn. Sie wollte, dass ich verschwand und sie endlich loslegen konnte.

Im Grunde wollte ich dasselbe – endlich aufhören mit dem unnötigen Wirbel um meine Kinder und mich auf mich selbst konzentrieren –, aber es fiel mir sehr schwer, diese Kehrtwendung zu vollziehen. Ich war darauf geeicht, die wichtigste Bezugsperson meiner Töchter zu sein: Kuchenteig rühren, Äpfel schälen, Streit schlichten, Eis auf Prellungen legen, Lieblingshosen suchen, Klagen anhören, weil jemand in der Schule etwas Gemeines gesagt hatte, alle Fragen über die Zeit und den Himmel oder die Bedeutung des Wortes „kolossal" beantworten und erklären, warum wir oft Dinge tun müssen, die wir lieber nicht tun würden. Und all das tat ich auch weiterhin. Manchmal sehnte ich mich nur noch nach dem Zeitpunkt, an dem sie endlich ins Bett gingen.

Am Mittwoch morgen brachten Rob und ich die Kinder zu den Honakers und fuhren eine Stunde lang über den Highway 405 in die Klinik. Auf der Autobahn fragte ich Rob immer wieder: „Glaubst du, es geht ihr gut?" „Glaubst du, sie war traurig?"

„Ja", antwortete er. „Nein", antwortete er. „Ihr fehlt nichts."

Im Revlon Center wurden wir mit zwölf anderen Patientinnen und ihren Begleitpersonen in ein Besprechungszimmer geführt, wo man uns den Ablauf erläuterte. Es fiel mir schwer, die anderen nervösen Paare, die da an einem schweren Holztisch und auf Polsterbänden entlang der Wand saßen, nicht ständig anzustarren: Ist diese attraktive ältere Frau die Patientin, oder die jüngere Frau, die ihr so ähnlich sieht? Hat der Ehemann dort drüben seine Frau nur aus Pflichtgefühl hergefahren oder ist er ein liebevoller, Anteil nehmender Partner? Wird die Frau in dem violetten Kleid Weihnachten noch erleben? Ich fragte mich auch, ob Rob wohl in jeder älteren Frau seine Mutter sah.

Rob hielt meine Hand, bis mein Name aufgerufen wurde und wir in ein Sprechzimmer geführt wurden, in dem die Spezialisten der Reihe nach erscheinen würden. Wir lasen die Broschüren und die vielen Seiten, die wir aus dem Internet ausgedruckt hatten, und dann trat die Oberschwester ein.

„Wenn Sie Brustkrebs haben, dann ist das genau die Art von Krebs, die Sie sich wünschen sollten. Das wissen Sie doch, oder? Sie wissen, wie viel Glück Sie hatten, dass er früh entdeckt wurde?"

Wir nickten.

„Lassen Sie mich mal sehen", sagte sie und blickte auf meine Karte, „Sie sind fünfunddreißig. Ist die Krankheit in Ihrer Familie schon einmal aufgetreten?"

„Nein", sagte ich.

Sie sah hoch. „Weshalb haben Sie dann eine Mammographie machen lassen?", fragte sie.

Ich erzählte ihr die Geschichte von Lisas Krankheit und meinen Ängsten, dem Besuch bei der Hausärztin und der Zufallsmammographie. Ich verschwieg, dass Lisa gerade fünfunddreißig geworden war und ich ihr das Buch „Der freie Fall der Spottdrossel" geschickt hatte, mit einem Lesezeichen an der Stelle, die mit den Worten beginnt: „Ich bin eine ausgefranste und angenagte Überlebende in einer gefallenen Welt, und ich schlage mich nicht schlecht durch." Ich sprach nicht darüber, wie die Gäste auf Lisas Party ihr bei der Mosaikwand geholfen hatten, die sie aus Fliesen im Garten baute und wie Lisa, nachdem sie gegangen waren, in der Sonne gesessen und die Fliesen verschoben hatte, deren Anordnung ihr noch nicht gefiel, und dass ich nicht hatte zur Party kommen können. Die Schwester kritzelte ein paar Notizen auf die Karte, stellte Dutzende von Fragen zu meiner Krankengeschichte und sagte, als nächstes käme der Radiologe.

Wenige Minuten später tauchte ein bebrillter junger Mann in weißem Laborkittel und braunen Slippern auf. Er umklammerte sein Clipboard so fest und zog die Schultern so unnatürlich hoch, dass wir in ihm sofort den Studenten erkannten. Er sei angehender Radiologe, verkündete er, und führe das Patientengespräch für den Radiologen, der gleich nachkäme.

Wir nickten.

„Kein familiäres Risiko, kein Tumor", sagte er. „Weshalb haben Sie eine Mammographie machen lassen?"

Ich lächelte und erzählte ihm von Lisas Krankheit und meinen Ängsten, dem Besuch bei der Hausärztin und der Zufallsmammographie. Er schrieb etwas auf meine Karte und stellte mir viele der Fragen, die die Schwester schon gestellt hatte. Als das Gespräch beendet war, erläuterte er, wie eine Bestrahlung funktionierte und wie die Haut dabei verbrennt und ein Teil der Lunge verstrahlt wird. Ich hatte den Eindruck, dass er seinen Stoff gerade erst gelernt hatte, aber er beherrschte ihn perfekt. Während wir auf den Arzt wartete, befragten wir den angehenden Arzt so ausführlich wie möglich über die Chancen der Bestrahlung, inwieweit sie ein Rezidiv verhindert und welche Nebenwirkungen zu erwarten waren.

Dann erschien der Radiologe. Er war ein kräftiger Mann mit grauen Haaren und ließ sich, ein gutes Stück von Rob und mir entfernt, gewichtig auf den Drehstuhl neben dem Untersuchungstisch fallen. Zunächst blaffte er den Studenten unfreundlich an, und erst als er von ihm informiert war, dass alle wichtigen Fragen gestellt worden waren, drehte er sich zu mir um.

„Was bringt eine Fünfunddreißigjährige ohne familiäre Risikofaktoren und Tumor dazu, eine Mammographie machen zu lassen?"

Am liebsten hätte ich geantwortet: „Weil ich Lust dazu hatte", aber ich redete mir gut zu, dass diese Leute mir schließlich helfen wollten, also wiederholte ich die Geschichte von Lisas Krankheit, meinen Ängsten, den Besuch bei der Hausärztin und die Zufallsmammographie. Als ich fertig war, brach der Radiologe in schallendes Gelächter aus. „Und ich habe gerade eine Empfehlung an eine ziemlich große Gesundheitsbehörde geschrieben, dass Frauen ohne familiäre Risikofaktoren vor vierzig keine Mammographie brauchen."

Mir war nicht klar, ob das ein Geständnis war oder ein ironischer Kommentar. Keiner der vier anderen Anwesenden reagierte darauf. Der Radiologe stellte mir noch verschiedene Fragen zu meiner Krankengeschichte, erklärte, dass meine Art von Krebs häufiger als andere erneut auftritt und sagte: „Deshalb schlagen wir am liebsten hart zu." Dann entschwand er.

Jede und jeder, der im Laufe dieses Tages in mein Sprechzimmer kam, fragte mich nach dem Grund für die Mammographie. Jeder Praktikant, jeder Assistenzarzt, jeder Facharzt, jede Schwester. Als es Abend wurde und ich meine zweite Diagnose in den Händen hielt – derzufolge, wie meine Ärztin vorgeschlagen hatten, die brusterhaltende Entfernung des Knotens das Beste wäre (bei der ein Stück Gewebe ausgeschnitten wird, wobei man auf einen glatt abgrenzbaren Rand um das wuchernde Gewebe hoffte), gefolgt von sechs Wochen Bestrahlung, um alle übrig gebliebenen Zellen zu vernichten –, hatte ich meine Geschichte über ein Dutzend Mal erzählt.

Auf dem Heimweg gerieten wir in einen Stau; Stoßstange an Stoßstange. Rob und ich saßen schweigend im Auto und hörten Golden Oldies, während wir uns völlig erschöpft zentimeterweise auf unser Haus zu bewegten. Als wir schließlich um acht Uhr abends an die Tür der Honakers klopften, saßen Carlyn und Emily ins Sofa gekuschelt neben Sarah und Kyle und schauten *Die 101 Dalmatiner*. Sie hoben kaum den Kopf, als wir kamen und nach dem Geburtstagskind riefen.

„Sie sind ziemlich müde", erklärte Denise. „Nach der Schule haben wir eine Schatzsuche gemacht, dann war Fußballtraining und dann der Burger King – da drüben könnt ihr sehen, wie's im Burger King zuging." Sie deuteten auf den Tisch, auf dem drei riesige Einkauftüten mit Geschenken lagen.

„Was ist denn das?", fragte Rob.

„Ein paar von Carlyns Freunden sind als Überraschung dazugekommen."

Carlyn meldete sich piepsend aus der Tiefe des Sofas. „Cody war da und Geoffrey und Allison und Alexandra. Die Mädchen haben die Jungs gejagt."

Ich war Denise ungeheuer dankbar, dass sie Carlyn einen so wunderbaren Tag geschenkt hatte. Ich war von Dankbarkeit geradezu überwältigt – und eifersüchtig. Es war nicht so sehr die Tatsache, dass Carlyn sich so leicht durch jemand anderen glücklich machen ließ, sondern dass ich ihren Gesichtsausdruck verpasst hatte, ihre aufgeregte Stimme, die klebrigen Finger, das aufgerissene Geschenkpapier und die fröhlichen Sticheleien, mit denen die Mädchen die Jungen dazu gebracht hatten, Fangen zu spielen. Ich hatte die Gelegenheit verpasst, mit meinem Kind ein Stück Geburtstagstorte zu essen.

„Wie waren die Muffins?", fragte ich.

„Zerquetscht", sagte Carlyn. "Krieg ich noch einen?"

„Sie hatte schon zwei oder drei", sagte Denise.

„Vier", korrigierte Carlyn.

„Klar", sagte ich. „her mit den Muffins." Wir hoben die Alufolie vom Schuhkarton und holten die restlichen Muffins heraus. Sie waren tatsächlich zerquetscht, klebrig und halb geschmolzen.

Als ich in einen biss, kam ich zu der Überzeugung, dass es meinen Kindern, falls ich sterben sollte – an Krebs oder weil mir ein Blumentopf auf den Kopf fiel –, gut gehen würde. Ich glaubte daran, dass sie Liebe finden würden, Stärke, Trost und Förderung und jemanden, der mit ihnen Geburtstagskuchen essen würde. Was hätte ich auch sonst glauben sollen?

Lektion 4

Den Mut anziehen wie ein neues Kleid

Brustkrebs-Überlebende haben, wie der Name schon sagt, eine heimtückische, lebensbedrohliche Krankheit überstanden, und in den meisten Fällen haben sie dies durch Stärke, Charakter und Mut geschafft. Sie mögen sich selbst nicht für besonders mutig halten, aber denken Sie daran, dass Mut nicht immer so aussieht, wie man es erwartet. Am Morgen aufstehen kann mutig sein, oder sich bei allen bedanken, die mit Blumen und einer Suppe an die Tür klopfen. Und manchmal ist es mutig, ein schönes neues Kleid zu tragen.

Am Samstag nach Carlyns Geburtstag fand in unserer Kirchengemeinde am Abend eine Versteigerung statt. Ich gehörte zu dem Komitee, das diese Benefizveranstaltung vorbereitet hatte und wusste, dass alles in großem Stil ablaufen sollte – tolle Musik, gutes Essen und ein Saal voller Menschen in festlicher Stimmung, die ihr Geld für einen guten Zweck spenden wollten. Unser Thema hieß „Sternennacht in Schwarz und Weiß", was dem Ganzen einerseits eine himmlische, andererseits eine elegante Note verleihen sollte und außerdem als dezenter Hinweis auf die Kleiderordnung gedacht war. Schon seit Monaten hatte ich mir, während wir an den Einladungen arbeiteten und Sponsoren suchten, vorgestellt, dass ich mich an jenem Abend so anziehen würde, wie ich es bei festlichen Anlässen am liebsten tat: einen langen, schwarzen Samtrock mit einem bodyähnlichen Oberteil. Das durchsichtige Oberteil war mit Samtrosen übersät und ich trug es über einem schwarzen Bustier. Der Bustier war zwar solide wie eine Rüstung, doch durch ihn wirkte das Ensemble wie ein eng anliegendes, elegantes, schulterfreies Abendkleid. Mein Mann mochte es, ich fühlte mich sehr erwachsen darin – weltläufig und sexy –, und es war schwarz wie die Nacht. Aber mir stand in fünf Tagen eine Operation bevor – der Chirurg würde der Brust ein Stück Gewebe entnehmen, als sei sie eine Orange – und irgendwie kam mir ein schwarzes Kleid nicht passend vor. Mir wurde klar, dass dies der letzte öffentliche, offizielle Anlass war, an dem ich mit zwei intakten Brüsten teilnehmen würde.

Ich habe meine Brüste mit den Jahren recht lieb gewonnen. In der Highschool und im College dachte ich nicht viel über sie nach – sie waren Körbchengröße B, also Durchschnitt, nicht besonders auffällig. Sie hüpften nicht zu sehr, wenn ich Tennis spielte, sie füllten jedes Kleid und jedes T-Shirt und sie waren der Anlass dafür, dass mein Freund zu mir sagte, ihm gefielen meine Kurven. Die Schwangerschaft, das Stillen und Muttersein jedoch gaben meinen Brüsten einen ganz neuen Wert. Zum einen brauchte ich jetzt den BH eine Nummer größer. Sie waren üppig und voll, wodurch derselbe Freund – jetzt mein Mann – ihnen noch mehr Aufmerksamkeit schenkte, und das machte Spaß. Die Babys gaben meinen Brüsten überdies eine Funktion. Ich stillte beide Kinder neun Monate lang und war stolz, dass ich so viele Antikörper produzieren konnte, so viel konzentriertes Protein.

Das Stillen lag nun drei Jahre hinter mir und ich kaufte meine Büstenhalter wieder eine Größe kleiner, als ich erfuhr, dass ich Krebs hatte, also könnte man sagen, meine Brüste seien in gewissem Sinn nicht mehr ganz taufrisch. Ich brauchte sie nicht, um einem Mann zu gefallen, denn Rob wusste jetzt, dass ich mehr zu bieten hatte als meine Kurven. Unter praktischen Gesichtspunkten betrachtet brauchte ich meine Brüste nicht, um weiterhin ein gesundes und glückliches Leben zu führen, aber die Operation würde sie verletzen – und dass das eigene Fleisch nicht mehr intakt ist, kann man nicht einfach so akzeptieren. Meine Brüste würden einen Defekt haben. Vielleicht würde die Brustwarze verunstaltet. Das ganze Ding fiel vielleicht in sich zusammen wie eine verfaulte Melone.

„Wenigstens wird nur ein Knoten entfernt", sagte Rob eines Nachts, als wir im Garten in unserem Außenwhirlpool saßen.

„Was soll das heißen – ‚nur'?"

„Ich hab mir die Bilder in diesem Buch angeschaut", gestand er. Er meinte die Seiten in dem Brust-Ratgeber, die nach denen über kleinere operative Eingriffe kamen.

„Die Narben von Brustamputationen sind hässlich. Ich meine die ohne Brustaufbau."

„Soll das heißen, dass du nur an vollkommenen Brüsten interessiert bist?", bohrte ich weiter. „Ich werde nämlich keine vollkommenen Brüste mehr haben."

„Nein – ich sage nur, dass es mir schwer fallen würde, mir für den Rest meines Lebens eine Amputationsnarbe anzusehen."

Ich wollte Rob sagen, dass ich ihn für das hasste, was er gerade gesagt hatte – dass ich es für egoistisch und unsensibel und typisch männlich hielt – aber das Problem war, dass ich mit ihm eigentlich einer Meinung war. So sehr, dass ich fürchtete, es werde mir schwer fallen, auch nur mit einer kleinen Operationsnarbe zu leben. „Also wenn ich die Brust amputieren lassen müsste, würde ich vielleicht auch keinen Aufbau wollen", sagte ich. „Ich meine, es ist, wie es ist, warum soll man sich da etwas vormachen?"

Ich stand auf und griff nach meinem Handtuch. „Ich weiß nicht, was du für ein Problem mit Narben hast", fauchte ich, als ich aus dem Whirlpool kletterte, „aber du solltest ganz rasch was dagegen tun."

Der Abend der Party begann hektisch. Rob musste früh dort sein, um den Gästen beim Parken zu helfen, die Honakers sollten mir in ihrem Auto folgen, und zuallererst musste ich die Mädchen quer durch die Stadt zu ihrer Babysitterin kutschieren. Ich hatte genau zehn Minuten Zeit zum Anziehen.

Ich rannte ins Haus, holte den schwarzen Rock aus dem Schrank, das Netz-Oberteil, den panzerartigen Bustier – und hielt inne. Neben dem schwarzen Samt hing in einer Plastikhülle ein langes, hoch elegantes, himbeerrotes Abendkleid mit einem tiefem V-Ausschnitt vorne und einem noch tieferen V-Ausschnitt im Rücken. Ich hatte es noch nie getragen.

Es war das Kleid, das ich mit meiner Schwester Laura ohne Sinn und Verstand in einer kleinen Boutique in Yarmouth gekauft hatte. Es war am Ende der Ferien, schon spät am Tag und die Kinder wurden langsam hungrig, aber Laura bestand darauf, dass wir uns die fünfundvierzig Minuten gönnen und uns die reduzierten Kleider in einem kleinen Laden anschauen sollten, den sie im letzten Sommer entdeckt hatte. Wir ließen die Kinder bei ihren Vätern und sausten kurz vor Ladenschluss in die Boutique, in der festen Absicht, mit ein paar Schnäppchen heimzukommen.

Wir durchstöberten die herabgesetzten Kleider und quetschten uns in die Umkleidekabinen. Wir tauschten unsere Ausbeute, um zu sehen, an wem sie besser aussah und zankten uns darüber, wer die unheimlich günstigen Shorts bekam und wer den tollen Strohhut. Ich zog das rote Abendkleid nur aus Spaß über und stellte mich im Laden vor den Spiegel, woraufhin sich alle Frauen im Geschäft zu mir umdrehten.

„Das Kleid ist wie für Sie geschaffen", sagte eine Frau.

„Haben Sie das auch in Größe 36?", fragte eine andere.

„Du kaufst es", beschloss meine Schwester.

Das Kleid war umwerfend – ein einfacher Schnitt wie aus dem Filmen der 40er Jahre. Es betont die Kurven genau an den Stellen, an denen ich sie habe. Ich hatte absolut keine Ahnung, wo ich ein solches Kleid tragen sollte, aber ich kaufte es, nahm es mit nach Hause und hängte es ganz hinten in meinen Schrank. Dort hing es nun seit zwei Jahren.

Als ich an jenem Abend, eine Woche nach meiner Krebsdiagnose, in den Kleiderschrank griff, überlegte ich nur eine Sekunde. Ich würde das rote Kleid tragen. Wegen seines tiefen Ausschnitts konnte ich keinen normalen BH nehmen. Ich hätte natürlich den Bustier anziehen könnten, aber als ich da so allein im Schlafzimmer stand, dachte ich nur – was soll's. Ich zog mir das Kleid über den nackten Körper und fühlte, wie das Innenkleid aus Satin von den Schultern zu den Füßen glitt. Der kühle Stoff streifte meine Brust. Ich steckte mir die Haare hoch, malte mir die Lippen leuchtend rot an und zog los – die einzige Frau mit einem roten Kleid in einem Saal voller Schwarz und Weiß.

Ich war nie eine Frau, nach der man sich umdrehte. Ich war mir meines Aussehens nie so gewiss, dass das passiert wäre. In jener Nacht aber kam ich mir vor wie die schönste Frau der Welt. Ich fühlte mich in dem roten Kleid ungeheuer lebendig, und die Leute müssen diese Energien aufgefangen haben wie Leuchtsignale oder einen Duft. Männer und Frauen, Bekannte und Unbekannte, kamen auf mich zu und sagten mir, wie umwerfend ich aussähe, was für ein aufregendes Kleid ich trüge und wie ich strahle. Es bereitete mir eine ungeheure Freude, durch den Raum zu rauschen, zu fühlen, wie der Stoff den Boden streifte, seine Kühle auf meinen Brüsten zu spüren, die wenigstens in dieser letzten Nacht noch ganz mir gehörten.

Alle im Raum, die mich kannte, wussten, dass bei mir Krebs festgestellt worden war. Am Sonntag zuvor war ich bei jedem Kirchenlied in Tränen ausgebrochen und hatte mich aus dem Gottesdienst hinausstehlen müssen. Aber während der Party erwähnte niemand meine Krankheit. Nicht weil sie Angst hatten oder zurückhaltend oder höflich waren. Es war, als verbiete das rote Kleid schon die leiseste Andeutung wie eine Rüstung oder ein Schutzschild.

Ein paar Tage später allerdings rief mich die Vorsitzende des Festkomittees an und dankte mir für meine Hilfe – die ich zwei Wochen vorher abrupt unterbrochen hatte. „Wir haben dann alles aufgeräumt", sagte sie, „und du warst das Thema Nummer eins am Spülbecken."

„Ich?" sagte ich erstaunt und überlegte, was ich wohl angestellt hatte, weil ich genau wusste, wie gerne Kirchendamen plaudern und klatschen.

„Du warst die schönste Frau im Saal an diesem Abend, Jenny, und die mutigste. Viele Frauen in deiner Situation wären nicht mal gekommen, geschweige denn in so einem Kleid."

Mutig?, dachte ich. Mutig?

So fühlte sich also Mut an – dieses plötzliche, unumstößliche Wissen, was zu tun – oder zu tragen – ist, diese Gewissheit, dass nichts, nicht einmal Krebs, mir mein Selbstvertrauen nehmen würde, dieses süße Aroma des vollen, berauschenden Lebens. Wenn das Mut war, passte er mir genauso gut wie das rote Kleid.

Lektion 5

Ein Vater kann zwar nicht immer die Monster vertreiben, aber er kann die Wäsche zusammenlegen

Krebs gibt anderen Menschen die wunderbare Gelegenheit, sich einer Situation gewachsen zu zeigen – sie können da sein, verstehen, einem all das sagen, was sie einem noch nie gesagt haben. Die Lektion besteht darin, sie das tun zu lassen.

Mein Vater gehört zu der Sorte Väter, die viel unterwegs ist. Er schipperte lieber auf einem Fluss oder kletterte auf einen Berg, als dass er mir beim Tennisfinale oder Abschlussball zugeschaut hätte. So steuerte er denn auch gerade seinen Schlepper *Forevergreen* durch die Bucht von San Francisco, als meine Operation auf einen Mittwoch Mitte November angesetzt wurde.

„Soll ich nach Hause kommen?“, fragte er immer wieder durch sein knackendes Handy. „Brauchst du meine Hilfe?“ Ich stellte ihn mir in meinem Reihenhäuschen vor, wie er durch die Zimmer tigerte, sich nach weiten Horizonten sehnte und von der Golden Gate Bridge träumte. „Wenn du herkommen möchtest, gerne“, sagte ich, „aber es geht auch gut ohne dich.“

„Kommt Mom nicht?“, fragte er – zum dritten, vierten und fünften Mal. Meine Mutter begleitete meine Nichte Caroline zu deren 10. Geburtstag auf einer lange geplanten Reise nach England. Meine Operation war von Dr. Peter auf den frühest möglichen Termin gelegt worden und der fiel nun einmal mit dieser Reise zusammen.

„Sie kommt noch nicht“, sagte ich zu meinem Vater. „Erst Montag.“

„Aber Rob wird da sein?“

„Sicher“, erwiderte ich. „Er nimmt frei und ein Freund bleibt den ganzen Tag über mit ihm in der Klinik. Die Kinder schlafen bei Lori.“

„Und du willst wirklich nicht, dass ich komme? Ich könnte in Tiburon anlegen und den Rest fliegen", überlegte er, „oder wir könnten das Boot auf den Anhänger laden und dann wäre ich – lass mal sehen – am Freitag da. Das heißt, wir wären nicht zur OP in Los Angeles, aber immerhin am Tag danach. Wir könnten bleiben, bis deine Mutter am Montag kommt." Das „wir" bezog sich auf seine Frau und meine Freundin Honeydew. Honeydew hatte mich bei der Geburt meiner beiden Töchter sehr unterstützt. Außerdem hatte sie mit zwanzig Jahren Eierstockkrebs überlebt, zu einer Zeit, als es noch nicht einmal Chemotherapie gab, und ich war sicher, sie würde überall auf der Welt hingehen, wo ich sie brauchte, aber ich hatte den Eindruck, diesmal lag die Entscheidung bei meinem Vater. Er war derjenige, der hier sein wollte.

„Hör mal, Dad", sagte ich schließlich, damit er sich beruhigte, „dann kommt doch einfach."

Meine Operation war für den Mittwoch Nachmittag geplant. Am Mittwoch Morgen brachte ich die Kinder in die Schule, rief Lori an, um sicher zu gehen, dass sie genau wusste, wo und wann sie sie abholen sollte. Dann ging ich in den Garten und schnitt alles weg, was tot oder verwelkt oder irgendwie außer Kontrolle geraten war. Ich schnitt den Krebs aus meinem Garten und fuhr nach Rosmarin duftend in die Klinik.

Rob brachte mich zur Radiologin, in deren Praxis eine Prozedur stattfand, die man Nadellokalisierung nennt. Dies ist eine unaufwendige Methode, mit der das von Krebs befallene Gewebe so genau lokalisiert wird, dass der Chirurg anschließend weiß, was er herausschneiden soll. Das ist Aufgabe der

Radiologin, weil sie diejenige ist, die weiß, wo genau der Krebs sich befindet. Sie tat Folgendes: Sie starrte auf meine Mammographie-Aufnahmen, kniete sich vor mich, nahm drei sehr lange Nadeln und stach sie in meine Brust; dann drückte sie die Brust in einen Röntgenapparat, damit sie ganz sicher war. Es gab keine Narkose, weil diese das Bild verwischen könnte. Die Nadeln ragten unschön aus mir heraus. Es war, als vollziehe sie eine Art schwarzer Magie. Ich schnappte nach Luft, war jedoch erstaunt, dass diese barbarische Prozedur nicht halb so schmerzhaft war wie ich erwartete.

„Alles in Ordnung?“, fragte die Radiologin nach jeder Nadel. Bei eins und zwei nickte ich. Nach der dritten erzählt ich der Ärztin, dass ich am Vortag in einem schicken Kosmetikstudio eine Gesichtsbehandlung hatte machen lassen, weil ich glaubte, das würde mich entspannen. Ich hatte nicht gewusst, dass sie in meinen Poren herumbohren würde, als würden sie nach Öl suchen. „Die Behandlung hat mehr weh getan als das hier“, sagte ich.

Sie lachte.

Wir schwiegen eine Weile, dann fragte ich: „Sitzen sie richtig? Die Nadeln, meine ich. Sind sie an der richtigen Stelle?“

„Ich habe sie richtig gesteckt“, sagte sie mit einem solchen Selbstbewusstsein und Sicherheit, dass ich geradezu aus dem Zimmer schwebte, obwohl die drei Nadeln aus meiner Brust ragten.

Rob fuhr mich zur Klinik, aber wir hatten Angst, uns zu berühren – uns an den Händen zu halten oder gar zu umarmen. Wir befürchteten, die Nadeln würden verrutschen – und das würde nicht nur weh tun, sondern auch die Chance ruinieren, sämtliche Krebszellen zu erwischen. Rob saß im Wartezimmer neben mir, stand bei mir, als mir ein Bett zugewiesen wurde und hörte aufmerksam zu, als die Narkoseärztin mit mir über die besonderen Reaktionen meines Körpers auf die Narkose während der Geburten sprach und darüber, welche Möglichkeiten sich jetzt boten.

Unsere Pfarrerin Gina erschien kurz bevor ich in den OP geschoben wurde und fragte die Schwestern, ob sie beten wollten. Dieser kühne Vorschlag war mir peinlich – ich glaubte, es würde sie in Verlegenheit bringen, und für mich war Beten etwas Privates, das, wenn schon öffentlich, dann wenigstens an einem speziellen Ort geschehen sollte. Doch die Schwestern nickten, bildeten einen Kreis um mich und beteten. Wir beteten, dass die Ärzte und Schwestern die Arbeit tun würden, für die sie ausgebildet waren, für das Wunder der Medizin und für eine gesunde Reaktion meines Körpers. Während sie mich fortrollten, liefen mir Tränen übers Gesicht, weil mir das wie eine übergroße Bitte vorkam.

Rob hielt meine Hand, als ich die Augen aufschlug, und soweit ich mich erinnere, hielt er sie auch in den nächsten fünf Stunden. So lange dauerte es, bis ich aus der Narkose aufwachte. Andere Menschen kamen und gingen wie im Zeitraffer, nur ich blieb, wo ich war, in meinem Bett im Aufwachzimmer, benebelt, halbwach, von Übelkeit geplagt. Im Fernsehen lief ein Spiel der Lakers, das ich mir, ohne viel zu begreifen, anschaute. Einmal wollte ich unbedingt zur Toilette, weil ich glaubte, wenn ich es ins Bad schaffte, würde ich es auch nach Hause schaffen. Ich setzte mich und musste mich sofort übergeben. Es war ein langer Tag.

Die folgende Nacht verbrachte ich in meinem eigenen Bett, ungeheuer dankbar dafür, dass die Mädchen nicht am anderen Ende des Flurs schliefen – darauf programmiert, mitten in der

Nacht aufs Klo zu müssen und gegen Morgen neben mir ins Bett zu plumpsen. Am nächsten Morgen stand Rob auf und ging wieder arbeiten, und dafür kam meine Freundin Jo. Ich war zu müde zum Schlafen, und so setzte ich mich aufs Sofa und blätterte in alten Ausgaben von Frauenzeitschriften. Während ich las, kochte Jo Mittagessen und Abendessen, und bevor sie ging, deckte sie den Tisch mit Blumen und schönen Gläsern.

Meine Brust war mit einer dicken, wasserfesten Bandage umwickelt, deshalb konnte ich nicht herausfinden, wie sie aussah. In der Dusche starrte ich auf den Verband und fragte mich, was wohl darunter war. Vor allem fragte ich mich, wo die Brustwarze geblieben war, denn das war mir nicht ganz klar. Ich hatte Angst, dass sie fort sei, aber dann musste ich über mich selbst lachen, denn ich wusste ja, sie hatten nur ein kleines Stück Brust herausgeschnitten, ein Scheibchen Gewebe, die wenigen Krebszellen, die sie in der Mammographie gesehen hatten.

Mein Vater und Honeydew kamen am nächsten Morgen mit einer Kühltasche voller Leckereien – Lachs und Sojabohnen, Dips und Truthahn-Rouladen.

Während ich mit meinem Verband über der Brust und Schmerzmitteln in den Adern im Bett lag, saß mein Vater auf dem Fußboden und faltete Wäsche zusammen. Ich lag im Bett, im Korb lag Wäsche und es gab weit und breit keine Möglichkeit zum Skilaufen oder Fahrradfahren oder Joggen. Wir redeten über Wüstendurchquerungen, wie wir es oft gemacht hatten, als ich noch klein war, und darüber, wie es ist, Menschen durch die Wildnis zu führen, was mein Vater sein Leben lang getan hat – weil es sein Beruf als Professor für Umweltstudien mit sich brachte und weil er mit Begeisterung anderen Menschen das Land zeigt, das er so liebt. Ich gestand ihm etwas, das ich ihm noch nie gesagt hatte: dass sein entschiedenes Kommando es mir schwer gemacht hatte, auf unseren vielen Ausflügen in die Wildnis selbst Verantwortungsgefühl zu entwickeln. Er ging immer auf dem Weg voraus, wie ein Dirigent sein Orchester leitet. Meine Rolle war es, zu folgen und sein Können zu bewundern. Manchmal hätte ich mir gewünscht, er hätte mich all die Wunder selbst entdecken und Fehler machen lassen.

Als Antwort erzählt er mir, wie das seine Art ist, eine Geschichte. Am Tag zuvor, sagte er, habe er geweint, als im Fernsehen der Werbespot einer Versicherung lief. Mein Vater ist ein Mann, der wenig Gefühle zeigt, und er war bei einer Werbesendung in Tränen ausgebrochen. Die Sendung zeigt ein kleines Mädchen, das wegen der Monster unter dem Bett Angst vor der Dunkelheit hat, und einen Vater, der kommt und sagte: „Ich werde dich immer beschützen.“ Mein Vater wünschte sich, er könne das für mich tun und weinte, weil er es nicht konnte.

Am Ende der Geschichte sah zu ihm hinüber und merkte, dass er meine Unterwäsche, die ich normalerweise einfach in die Schublade stopfe, zu einem adretten kleinen Stapel zusammengelegt hatte. „Du faltest ja meine Unterwäsche!“, platzte ich heraus und sah fasziniert zu, wie seine starken, kräftigen, sonnengebräunten Hände mit der sauberen, weißen Baumwolle hantierten.

Es betrachtete seine Hände und zuckte die Achseln. „Ich bin einfach froh, dass ich hier bin.“

Ich war sicher, dass die Monster meinen Körper verlassen hatten. Als ich mit Carlyn schwanger war – so früh, dass noch nicht einmal ein Q-Test sinnvoll war – besuchte ich eines Tages eine Yogagruppe, die sich in einer Art Baumhaus traf, das am Abhang eines Hügels in ein Fichtenwäldchen gebaut war. Sonnenlicht strömte durch die Fenster und wir streckten uns auf ausgefransten roten Matten auf dem Boden aus. Ich lag flach auf der Matte und wies jeden Teil meines Körpers an, sich zu entspannen, während die Lehrerin sie benannte. Als sie „Bauch und Fortpflanzungsorgane" sagte, konzentrierte ich mich auf meinen Unterbauch, lenkte all meine Aufmerksamkeit dorthin und wusste mit absoluter Sicherheit, dass ich ein Kind empfangen hatte.

Dieselbe unerschütterliche Gewissheit sagte mir jetzt, dass in meiner Brust kein Krebs mehr war. Ich hatte mich konzentriert, hatte gebetet, meine Seele und meine Zellen durch und durch erforscht und wusste, dass meine Brust frei von Krebs war. Wenn mich Leute fragten, wie es mir ging, antwortete ich „krebsfrei". Wenn mich Leute fragten, was jetzt geplant war, sagte ich „Bestrahlung, ab dem dritten Januar, nur um sicherzugehen." Als mein Vater fragte, ob er bis Montag bleiben solle, dem Tag, an dem meine Mutter zurückkam und wir vom Pathologen die Ergebnisse erfahren sollten, dachte ich daran, wie die beiden einander beobachten würden, bei jedem Wort und jeder Handlung, wie angespannt sie sein würden und wie sie darum konkurrieren würden, sich über die gute Nachricht am meisten zu freuen. „Ich glaube nicht", sagte ich, „ich rufe euch an, wenn wir etwas gehört haben."

Er legte eine Flasche Sekt in den Kühlschrank und kehrte wie geplant auf sein Boot in der Bucht zurück. Ich war traurig, als er ging.

Meine Mutter rief frühmorgens vom Flughafen Los Angeles an, um mir mitzuteilen, dass sie zu uns unterwegs war. Ich rief um elf Uhr in der Praxis an und erfuhr, dass die Pathologieberichte noch nicht da seien. Um zwei telefonierte ich wieder und hörte dasselbe. Die Mädchen kamen aus der Schule und ich lud ihre Freundin Sarah von nebenan ein, damit sie beschäftigt waren. Ich hatte weder die Nerven noch den Willen, ein „Arielle"-Puzzle zu legen oder die böse Waisenhaus-Leiterin in einem komplizierten Rollenspiel zu sein. Meine Mutter kam um vier, aufgedreht und nervös. „Ich habe noch nichts gehört", sagte ich fröhlich, als handele es sich um eine völlig plausible Verzögerung – eine kleine Panne zu Wochenbeginn, nichts Schlimmeres als eine defekte Kaffeemaschine. Aber wenn man emotional angespannt ist, lernt man, winzige Zeichen zu lesen, und so sicher ich mir einerseits war, dass sie alle Krebszellen herausgeschnitten hatten, so sicher war ich andererseits, dass man mir gute Neuigkeiten längst mitgeteilt hätte. Irgend jemand in Dr. Peters Praxis hielt Informationen zurück, was nur bedeuten konnte, dass sie nicht günstig waren. Als Dr. Peter mich um halb fünf anrief, spielten die Kinder gerade Verkleiden im Wohnzimmer und meine Mutter packte in der Küche englischen Früchtetee aus. Ich nahm den Hörer mit in mein Arbeitszimmer im hinteren Teil des Hauses, wo ich sicher sein konnte, dass ich jedes Wort hörte.

„Ich sage Ihnen das nicht gerne am Telefon", erklärte Dr. Peter, „aber sie haben nur dreizehn der einunddreißig Schichten untersucht und zwölf davon sind positiv. Wir haben ein großes Stück Gewebe entnommen und es ist voller Krebszellen. Rufen Sie morgen in meiner Praxis an, damit wir einen Termin vereinbaren, an dem Sie und Ihr Mann mit mir über eine Brustamputation sprechen können."

Ich muss irgend etwas gesagt, irgend einen gutturalen Laut

ausgestoßen haben. „Sie können fluchen, wenn Sie wollen", sagte Dr. Peter. „Es ist genau der richtige Zeitpunkt für einen Fluch. Es sind wirklich beschissene Neuigkeiten."

Ich lächelte, dankbar für seine Worte, auch wenn ihr Inhalt mich in Schrecken versetzte. Ich begann zu weinen und wiederholte: „Es sind wirklich beschissene Neuigkeiten."

Sie seien sehr überrascht gewesen, so viel Krebs an den Rändern des befallenen Gewebes zu entdecken, erklärte er, die Mammographie hatte davon nichts gezeigt. Wenn es nur ein oder zwei Stellen am Rand wären, erklärte er, könnten sie die Operation wiederholen und ein paar zusätzliche Millimeter Gewebe herauskratzen, aber mit so schlecht abgrenzbaren Rändern wie meinen gab es kaum eine andere Wahl, als die ganze Brust abzunehmen.

Carlyn, Emily und Sarah kamen angelaufen, als sie mich schluchzen hörten. Sie inszenierten ein großes Drama, indem sie mir Tempos brachten und mich fragten, wie es mir ging. Ich schüttelte nur den Kopf, woraufhin sie mir weitere Taschentücher brachten, dann Teddybären und Decken. Meine Mutter versuchte, sie in einem anderen Raum zu beschäftigen, aber sie ließen sich nicht zurückhalten. Als Denise eine halbe Stunde später klingelte, um Sarah abzuholen, sagte ich: „Es waren schlechte Neuigkeiten." Sie umarmte mich und wir weinten. „Es tut mir so Leid, dass Sarah gerade da war", schluchzte ich, „sag ihr, wie sehr mir das Leid tut, wenn ihr zu Hause seid."

Ich tat sofort das Gleiche, was ich bei der ersten Diagnose getan hatte: Ich rief alle an, die ich kannte. Diesmal jedoch munterte mich das nicht auf. Im Gegenteil – mir kamen jedes Mal die Tränen, wenn ich zugeben musste, dass mein Körper mich verraten hatte. Ich hatte mich geirrt – sie hatten den Krebs nicht ausgemerzt.

Sofort wurde mir klar, dass ich mehr Hilfe brauchte, als Familie und Freunde mir geben konnten – mehr Informationen über Brustamputationen, mehr Beratung über die anstehenden Entscheidungen, detailliertere Erfahrungen von Frauen, die etwas Ähnliches erlebten. Während meine Mutter den Tisch abräumte, rief ich die Beratungsstelle der *Wellness Community* an, einer gemeinnützigen Organisation, die durch Gilda Radner berühmt geworden ist. Die Mutter einer Frau, für die ich manchmal schrieb, hatte mir die Nummer vor Wochen gegeben, aber ich hatte nicht angerufen, weil ich die Unterstützung einer Gruppe von fremden Frauen nicht zu brauchen meinte – Frauen, die vermutlich wütend, verbittert und voller Angst waren.

Lisa und ich hatten uns sogar über diese ganze Selbsthilfegruppe-Szene lustig gemacht, die einem wohlmeinende Leute ständig empfahlen. „Meine Sozialarbeiterin will mich dauernd an eine Lungenkrebs-Gruppe vermitteln", sagte sie eines Tages, „damit ich mich mit meiner Vergänglichkeit anfreunde. Aber in diesen Gruppen sind alle alt und sterbenskrank. So will ich mich mit meiner Vergänglichkeit eigentlich nicht anfreunden."

Ich lachte. Ich kannte wohl keine, die sich ihrer Vergänglichkeit so bewusst war wie Lisa und so gut mit ihr umging. Zwei Jahre zuvor hatte ich an der Beerdigung ihres Vaters in der Santa Barbara Mission teilgenommen – in derselben Kapelle, in der sie geheiratet hatte – und mir die lobenden Nachrufe auf diesen sanften, einsichtigen und gelehrten Mann angehört. Danach sprach Lisa darüber, wie ihr Vater ihr jeden Tag E-Mails geschickt hatte, in denen er Witze erzählte,

Ratschläge gab oder von den schwedischen Fleischklößchen schwärmte, die er mittags gegessen hatte. „Jetzt müssen wir eine neue Art von Beziehung finden", sagte sie damals mit fester Stimme, „eine, die nicht auf Anrufen, E-Mails und Besuchen beruht, sondern auf Glaube und Gebet. Ich muss eine neue Art des Zuhörens lernen."

Ich hatte mich mit meiner Vergänglichkeit überhaupt noch nicht angefreundet. Ich musste mich erst einmal einer Brustentfernung stellen. Und dazu gehörte plötzlich, dass ich eine Selbsthilfegruppe suchte.

„Ich rufe an, weil ich mich über Selbsthilfegruppen für Brustkrebs informieren will", stieß ich hervor, als sich bei der Nummer der *Wellness Community* eine Frau meldete.

„Hatten Sie schon ein Vorgespräch?"

„Ein Vorgespräch?", sagte ich. „Nein."

„Waren Sie bei einem Treffen für Neue?"

„Nein."

„Sind Sie unter vierzig?"

„Ja", sagte ich, erfreut, mich wenigstens in einer Kategorie zu qualifizieren. „Das bin ich."

„Wir haben morgen Abend ein Treffen für junge Paare, ein Einführungsabend. Nächsten Dienstag fängt eine Gruppe für Frauen an, bei denen erst kürzlich Krebs festgestellt wurde. Gleichzeitig trifft sich eine Angehörigen-Gruppe."

„Oh", sagte ich, ungeheuer erleichtert. „Das ist gut."

Beim Treffen der jungen Paare war eine Frau – eine laute, lebhafte, kahlköpfige Frau mit einem altertümlichen weißen Turban und bequemen Schuhen, die neben einem gelockten, gut aussehenden Mann in einem roten Polohemd saß. Sie verkündete der Gruppe, man habe gerade festgestellt, dass ihr Brustkrebs Metastasen in ihrem Gehirn gebildet hatte. Sie hatte bereits eine beidseitige Brustamputation, Transplantationen von Rückenmark und Stammzellen und etwa acht verschiedene Chemotherapien. Sie hatte Krämpfe, deshalb hatten ihr die Ärzte gerade den Führerschein abgenommen. Sie hatte zwei Tage lang ununterbrochen geweint. Sie war achtundzwanzig. Ihr Mann sprach nach ihr und erzählte, dass er früher einmal gedacht hatte, in seinem Leben würde es um ein Häuschen, Kinder und Vergnügen gehen. Jetzt hatte er verstanden, dass es um die Krebskrankheit seiner Frau ging.

Ich konnte den Blick nicht von dieser Frau wenden. Ich erinnere mich nicht einmal mehr an ihren Namen, nur dass sie auf dem Sofa saß und Witze über ihr Chemo-Hirn riss und anderen im Raum Ratschläge gab, wie sie mit ihrem Schmerz besser zurecht kämen. Sie war schön. Sie hatte Herz. Sie war lebendiger als irgend jemand sonst, den ich kannte, und sie erinnerte mich an Lisa.

Ich war sicher, dass sich Lisa wie die Frau mit dem weißen Turban verhielt, zumindest in der Öffentlichkeit. Lisa hatte mir erzählt, dass sie von Frauen häufig Komplimente über ihre schicke blonde Kurzhaarfrisur bekam. Es sah bestimmt königlich bei ihr aus, weil sie so groß war und eine so aufrechte Haltung hatte. „Das kommt von der Chemotherapie“, antwortete sie dann lächelnd und dankte ihnen. Ihre Tumore waren zum Stillstand gekommen – sie schrumpften nicht, aber sie wuchsen auch nicht. Nun blieb Lisa nichts anderes übrig, als auf ein Wunder zu warten, das sich im Labor irgend eines Genetikers oder Onkologen ereignen würde, und das Warten hatte ihr, wie der Frau mit dem weißen Turban, den Humor nicht nehmen können.

Ich wurde in der folgenden Woche in eine Gruppe neu diagnostizierter Krebspatientinnen geschickt. Im Raum befanden sich etwa zwölf Frauen. Vier waren unter vierzig. Drei von ihnen hatten wie ich kleine Kinder. Alle außer zwei Frauen waren in ihrer Behandlung schon weiter als ich. Während wir im Zimmer umherliefen und unsere Geschichten erzählten, fühlte ich mich wie eine Soldatin, die schon eingezogen worden war, aber noch nicht an der Front kämpfte. Diese Frauen waren Kriegerinnen, die schon alles gesehen hatten – einfache Brustamputation, doppelte Brustamputation, Chemotherapie, Bestrahlung, das volle Programm. Sie hatten alles hergeben müssen, von den Haaren bis zu ihrer Gesundheit – und sie waren entschlossen, gesund zu werden.

Als ich an die Reihe kam, hätte ich mich am liebsten entschuldigt – dafür, dass ich ursprünglich nicht hatte kommen wollen, dass mein Krebs sich auf die Brust beschränkte, dass ich noch keine Chemotherapie durchgemacht hatte. Stattdessen berichtete ich nur, dass Dr. Peter mir gesagt hatte, ich werde eine Brust verlieren und dass ich entsetzt war und hoffte, irgendwie so stark zu werden wie sie.

Ich verließ die Gruppe an jenem Abend mit der Erkenntnis, dass der Graben zwischen dem heldenhaften Versicherungs-Vater in der Werbung und meinem eigenen Vater noch viel tiefer war als angenommen: Es gab so wenig, das wir angesichts dieser Krankheit füreinander tun konnten – außer unsere Geschichte erzählen und Wäsche zusammenlegen.

Lektion 6

Und immer wieder kommt der Katalog mit den verführerischen Dessous

Wir können die Bilder schöner Brüste nicht ignorieren, die in unserer Gesellschaft überall zu sehen sind, und wir können nicht verhindern, dass unsere eigenen Brüste zu Schaden kommen. Aber eines können wir tun: den Verlust betrauern.

In den Wochen vor meiner Brustamputation, in der langen Vorweihnachtszeit, kamen immer neue Exemplare des Dessous-Katalogs von *Victoria's Secret*. Durch ein Versehen der Post – oder als vorweihnachtliche Werbemaßnahme – bekam ich hintereinander zwei oder drei Kataloge, immer genau an den Tagen, an denen ich erfuhr, dass mit meiner Brust noch mehr – und Schlimmeres – passieren würde. Hier, auf der einen Seite, war ich voller Angst vor der Verstümmelung, die mir zugefügt werden würde, und dort, auf der anderen Seite, sie – all diese unbekleideten Körper, all diese schönen, glatten, perfekt geformten Brüste, all diese verführerischen Dessous, die die Rundungen betonten.

Es ist leicht, einen Katalog abzubestellen – wenigstens theoretisch. Aber es war ja nicht allein dieser Katalog, es waren die Models in der Bademoden-Beilage, Tyra Banks in einem winzigen Bikini auf dem Cover eines Magazins oder die Werbespots im Fernsehen. Überall wunderbare Brüste, und ich konnte nicht anders – ich musste sie anstarren.

Ich zwang mich, die vielen Ratgeber über Brustkrebs durchzublättern und die kunstlosen und ungestellten Fotos von Frauen vor und nach der Operation zu betrachten, aber jetzt, da die Frage der Brustentfernung nicht mehr abstrakt war, wollte ich die Bilder nicht mehr sehen. Die Frauen auf ihnen waren nicht schön. Sie hatten Zellulitis am Bauch und Fett an den Armen, dünne Brustkörbe und fleischige Hüften. Über ihre Haut ringelten sich hässliche, rote Narben. Sie hatten Hängebrüste oder kleine, spitze Brüste, Brüste mit riesigen Brustwarzen, Brüste, die verbeult und zerstückelt und entfernt worden waren. Bei jedem Bild wollte ich den Kopf abwenden, als hätte man mich geohrfeigt.

„Du fängst das alles ganz falsch an“, sagte Lori an einem der vielen Nachmittage, an denen sie mit mir am Küchentisch saß, damit ich nicht allein da sitzen musste. „Die sind doch zum Kreischen. Schau dir die mal an“, sagte sie und deutete auf eine Frau mit Hängebusen. „Die hat wahrscheinlich zehn Kinder gestillt. Und diese da“, sagte sie und zeigte auf eine Frau mit großen, dunklen Ringen um die Brustwarzen. „Das sollen wohl Zielscheiben sein.“ Unwillkürlich musste ich über Loris schrägen Humor lachen und war ihr dankbar, dass sie kein Blatt vor den Mund nahm.

„Was ist denn so lustig“, fragte Carlyn, die plötzlich neben mir stand.

„Nichts“, sagte ich und klappte das Buch zu.

„Was?“, bohrte sie nach.

„Das geht dich nichts an“, erklärte Lori.

Daraufhin kamen natürlich sämtliche Kinder angelaufen – Carlyn und Emily und Loris Kinder, Kimber und Sarah. „Wir wollen es sehen! Wir wollen es sehen!“, riefen sie im Chor.

„Kommt nicht in die Tüte!“, riefen wir als Antwort. Diese Seiten gehörten jetzt uns und wir brauchten sie. Aus diesen Operationsarten musste ich mir eine aussuchen.

Einige Nächte später saßen Rob und ich wieder einmal im Whirlpool im Garten.

„Dann findest du also, ich sollte mir Brüste wie Tyra machen lassen?“, fragte ich – womit ich eigentlich fragen wollte: Wirst du mich noch lieben, wenn ich eine Brust verliere? Wirst du mich noch berühren? Es ist dunkel da draußen im warmen Wasser und man kann fast alles aussprechen – aber manches ist sogar in der Dunkelheit zu schwierig.

„Bei ihr sehen sie nett aus, aber bei dir? Ich glaube nicht“, sagte er.

„Du meinst, sie würden dir nicht gefallen?“

„Sicher würden sie mir gefallen, aber sie sind doch nicht der Grund dafür, dass wir uns beim Sex so gut verstehen“, sagte er.

„Sie sind schon irgendwie eine wichtige Komponente“, konterte ich.

Er schüttelte den Kopf. „Das finde ich nicht. Ich meine, was ist denn das Tolle an unserem Sex?“

„Dein Geruch, die Stimmung, was du machst“, erwiderte ich spontan.

„Nicht die Brüste“, bestätigte er, wie ein Anwalt beim Schlussplädoyer.

„Du hast leicht reden – und du hast das auch nicht gesagt, bevor die Situation so war wie jetzt.“

„Das ist nicht fair“, wehrte sich Rob.

Eine Brise kam auf und Dunst zog über uns hinweg.

Nach einem kurzen Schweigen fragte er: „Was macht es so schwer für dich?“

Ich holte tief Luft und listete alles auf, was mir fehlen würde: Das Gefühl, wenn sich meine Kinder abends beim Vorlesen an mich lehnen; das Gefühl, wenn ich einen Menschen umarme und meine Brust dabei spüre; der Stolz, dass diese Brüste ihre Aufgaben gut erfüllt haben; das warme, tröstliche Gefühl, wenn Rob seine Hände auf sie legt; wie die Brustwarzen auf seine Berührung reagieren; ihre Form, ihr Gewicht und ihre Symmetrie, die Tatsache, dass sie zu mir gehören. Ich verstummte. Rob saß mir reglos gegenüber – wie erstarrt, als säße er im warmen Wasser auf Eis.

„Das hatte ich mir alles überhaupt noch nicht überlegt", sagte er leise.

Tieftraurig und mit trockenen Augen blickte ich in die Nacht.

„Wir brauchen deine Brüste nicht", sagte er. „Wir werden uns daran gewöhnen."

Er setzte sich hinter mich und legte die Hände auf meine Brust, wie ich es mag. Es hätte jede beliebige Nacht sein können, aber es war eine unserer letzten Nächte und ich konnte an nichts anderes denken als daran, wie es sein würde, dieses Gefühl nicht mehr zu haben und wie es sein würde, im Dessous-Katalog zu blättern, wenn er das nächste Mal kam, und mich nach dem zu sehnen, was ich verloren hatte, statt neidvoll das zu betrachten, was ich nie gehabt hatte.

Lektion 7

Wunder geschehen immer wieder

Wenn Sie schon Brustkrebs haben müssen, dann ist jetzt, historisch gesehen, ein guter Zeitpunkt. Früher hörte eine Frau die Diagnose und am nächsten Tag – ohne Fragen, ohne Diskussion – wurde ihr die Brust amputiert. Noch früher wusste niemand, wo das Problem lag, bis die Patientin tot war. Wir mögen – noch – kein Heilmittel für Krebs haben, aber wir haben sehr gute diagnostische Mittel, fähige Ärzte und ein paar ganz erstaunliche Behandlungsmethoden.

Ich hätte Dr. Black gerne gehasst. Was er mit Frauen anstellte – ihnen Gewebe aus dem Bauch entnehmen, um eine neuen Brust aufzubauen – war nicht nur ein beängstigender Eingriff, sondern auch verdächtig auf eine Art, wie es Klonversuche oder Gentests sind: So fortgeschritten, dass sie moralisch fragwürdig sind. Ich hatte keine Ahnung, wie ich die fälligen Entscheidungen in Bezug auf Operation und Brustaufbau sinnvoll treffen sollte, und wenn man jemanden – oder etwas – als verdächtig abstempelt, begrenzt das immerhin die Auswahl.

Brustkrebspatientinnen werden mit ihren Entscheidungen in einem ungeahnten Ausmaß alleine gelassen. Ich hatte erwartet, man würde mir eine Art Begleiterin zuteilen – jemanden, die mich durch alle Schritte und Stadien der Diagnose und Behandlung führt, die mir sagt, wie ich vorgehen und die verschiedenen Möglichkeiten gegeneinander abwägen soll. Ich hatte erwartet, dass mich jemand an der Hand nehmen würde. Was ich bekam, war nichts beziehungsweise niemanden. Alle, die mich behandelten, waren Spezialisten auf ihrem Gebiet und wussten genau, wo ihr Fachgebiet anfing und aufhörte, aber niemand hatte den Überblick über meine Krankheit. Die lange Liste der Fragen, mit der ich in den Arztpraxen erschien, wurde nie vollständig beantwortet. Es gab immer einen Punkt, an dem der Onkologe sagte, das müsse ich mit dem Chirurgen besprechen oder der Klinikchirurg sagte, das sei Sache des Plastischen Chirurgen. Konnten sich die Leute nicht einmal alle gemeinsam treffen? Sich an einen Konferenztisch setzen, Kaffee trinken und die Optionen diskutieren? Es gab schließlich so viele Optionen.

Ich wusste, dass ich eine Brustentfernung brauchte – eine modifiziert radikale Amputation. Das war der Ausgangspunkt, verursacht durch die nicht deutlich abgrenzbaren Ränder am Gewebe, die sich bei der Entfernung des Knotens gezeigt hatten. Eines Nachts, während des langen Thanksgiving-Wochenendes, schrieb ich auf Robs Anregung in einem Anfall von Verzweiflung auf ein Blatt Papier alles, was unter die Überschrift „Bekannte Tatsachen" passte. Bekannte Tatsache: Die Brust muss entfernt werden. Von da aus schienen jedoch endlos viele mögliche Wege abzuzweigen.

Ich konnte zum Beispiel die Brust amputieren lassen und weiter nichts unternehmen. Eine Frau aus der Kirchengemeinde – eine kleine Frau, doppelt so alt wie ich, mit einem britischen Akzent und einem schiefen Schneidezahn – hatte mich eines Sonntags nach dem Gottesdienst in den Waschraum gewinkt, ihre cremefarbene Bluse aufgeknöpft, ihren Spitzen-BH und die Prothesen abgenommen und mir ihre beidseitigen Amputationsnarben gezeigt. Ihre Brust war flach und wellig wie ein Waschbrett. Sie sah hart und gesund und irgendwie natürlich aus. Das gefiel mir – tun, was zu tun ist und mit den Konsequenzen leben. Es bewies einen gewissen Stoizismus und zeugte von Selbstbewusstsein. Aber sie war siebzig und Großmutter. Ich war fünfunddreißig und wollte, dass mein Körper möglichst große Ähnlichkeit mit dem Körper behielt, den ich ohne Krebs gehabt hätte. Ich wollte, dass er rund und stark und harmonisch war.

Ich konnte die Brust entfernen und danach mit einem Implantat aus Kochsalzlösung- oder Silikon-Basis aufbauen lassen. Ich hatte gehört, dass manche Ärzte den Frauen einen

Korb mit verschiedenen Modellen geben. Man schaut sie durch und sucht sich das aus, was einem am besten gefällt. Der Arzt, den ich wegen einer zweiten Diagnose aufsuchte, bevorzugte anatomisch geformtes Silikon. Er führte mich in ein Untersuchungszimmer und schickte eine Assistentin zu mir. Sie war, informierte er mich, eine frühere Krebspatientin mit einer doppelseitigen Amputation. Sie kam herein, und ich sah sofort, dass sie noch jünger war als ich. Ohne große Umstände zog sie sich ihr weißes T-Shirt über den Kopf, unter dem sich zwei Brüste befanden, die so fest und symmetrisch aussahen wie die einer Barbiepuppe, mit unnatürlich roten Brustwarzen, die, wie sie mir erklärte, aus der Haut eines Leichnams angefertigt waren. Spontan fragte ich: „Kann ich sie anfassen?" Ich hatte noch nie vorher die Brüste einer Frau angefasst, aber in diesem Moment schien es mir absolut notwendig. Die Frau zuckte die Achseln und nickte. Mir kam in den Sinn, dass es vielleicht zu ihrem Job bei dem Onkologen gehörte, Patientinnen auf Kommando ihre Brüste zu zeigen und ja zu sagen, wenn sie sie anfassen wollten.

Ich streckte den Arm aus und drückte mit dem ausgestreckten Zeigefinger gegen ihre Brust, als würde ich im Lebensmittelmarkt eine Melone testen. Sie war sehr fest – wie Gummi – und etwas kühler, als ich erwartet hatte. Ich wich zurück. Mir gefiel die Vorstellung nicht, etwas so Fremdes in meinen Körper einzulassen. Ich lächelte, dankte der Assistentin und wandte den Kopf ab, während sie ihr T-Shirt wieder überstreifte.

Die andere Option war die Prozedur, die Dr. Black durchführte und die als „TRAM (transverse rectus abdominis myocutaneous) flap" oder „Free flap" bekannt ist. Es gab genau acht Plastische Chirurgen in ganz Los Angeles, die den „Free flap" beherrschten und Dr. Black war einer von ihnen – und zwar derjenige, den mein Chirurg, mein Onkologe, meine Hausärztin und zwei Frauen aus der Selbsthilfegruppe einmütig empfahlen.

Ich musste die Brust amputieren lassen – das stand schwarz auf weiß als „Bekannte Tatsache" auf meiner Liste. Eine Brustamputation ist, wenn auch dramatisch, ein relativ einfacher Vorgang. Mit Implantaten ist zumindest eine zweite Operation erforderlich. Die „Free flap"-Methode jedoch verwandelt den Tagesausflug in eine ausgedehnte Weltreise.

Mein Plan sah folgendermaßen aus: Ich würde Dr. Black kennen lernen, ihn hassen und gezwungen sein, auf eine der anderen Möglichkeiten auszuweichen. Ich hatte von anderen Ärzten gehört, Dr. Black sei noch jung und so auf seine Zaubertricks fixiert, dass er mit seinen Patientinnen nicht einmal über Implantate diskutiere. Andere Frauen hatten ihn mir als arrogant beschrieben. Ich war sicher, es würde mir nicht schwer fallen, ihn zu hassen.

Seine Praxis lag auf halbem Weg zwischen den beiden Kliniken in unserer Gegend. Sie befand sich nicht in einem der schicken, verglasten Bürohäuser, die die Kliniken umgeben, sondern an einer belebten Durchgangsstraße neben der Praxis eines Chiropraktikers.

Rob und ich gingen ins Wartezimmer und sofort geriet ich in Rage. Zeitschriften lagen auf dem Boden herum, weil es keinen Tisch gab. Keine Bilder an den Wänden, keine Pflanzen, keine Goldfische, keine bunten, fröhlichen Broschüren. Es war ein ansehnlicher Raum mit einer geschwungenen, schulterhohen Anmeldetheke und einer sehr hohen Decke, aber ich nahm nur wahr, was fehlte. Steif saß ich auf einem Stuhl und blätterte in alten Zeitschriften, bis uns eine Assistentin aufrief und in ein Sprechzimmer führte. Im Flur erklärte sie uns, sie seien gerade erst eingezogen. Die Maler seien erst vor wenigen Tagen fertig geworden. Ich nickte und war eine Spur weniger empört über die fehlenden Broschüren.

Der Untersuchungsraum war mit Teppichboden ausgelegt. Rob setzte sich auf einen hübschen Stuhl mit gerader Lehne. Ich kletterte auf das Ende einer schmalen Untersuchungsliege. Meine Beine baumelten über den Rand wie bei einem kleinen Mädchen, das an einem sonnigen Tag am Bootsteg sitzt. An den Wänden hingen keine gerahmten Diplome und auf den Regalen lagen keine Instrumente. Ein billiger Schrankspiegel lehnte an der Wand.

„Komisch", flüsterte ich Rob zu.

„Sieht aus, als hätte er sich gerade erst niedergelassen", gab Rob zur Antwort.

„Wir werden ja sehen", sagte ich achselzuckend und blätterte wieder in der Zeitschrift, als gäbe es nichts mehr zu sagen, als müssten wir abwarten, bis der Doktor käme und uns bewies, dass man ihm trauen konnte.

Wir hörten Dr. Black, bevor wir ihn sahen. Er telefonierte. Er erklärte jemandem, dass er einen bestimmten Fall sicher nicht übernehmen würde, weil es in der betreffenden Gegend keinen Arzt gab, der qualifiziert genug wäre, ihm zu assistieren und genau so einen Arzt brauche er. Rob sah mich an und hob die Augenbrauen, als wolle er sagen: Siehst du? Eingebildet. Ich schüttelte missbilligend den Kopf und presste meinen Lippen zu einem wissenden Lächeln zusammen. Plötzlich klopfte Dr. Black an und trat ein. Er trug ein zerknittertes Jeanshemd mit hochgerollten Ärmeln. Seine Stiefel sahen aus, als wäre er mit ihnen über eine Reitbahn marschiert. Sein strähniges, blondes Haar hing ihm gewellt hinter den Ohren und über die Stirn. Er sah aus wie ein Surfer oder Rockstar. Kein weißer Kittel, kein Stethoskop. Seine Augen waren sehr blau, sein Blick direkt und offen. Ich erwartete fast, er würde sagen: Ich bin einer von den Malern, Dr. Black kommt gleich – aber ich irrte mich.

„Was kann ich für Sie tun?“, fragte er.

„Das weiß ich nicht so recht“, antwortete ich.

„Es tut mir so Leid, dass Sie Krebs haben“, fuhr er fort, „es ist eine schreckliche Krankheit.“

„Ja“, sagte ich und versuchte, ihm die Worte im Mund umzudrehen, damit sie nicht so mitfühlend klangen.

„Ich habe bei der Tumor-Kommission von Ihrem Fall gehört“, sagte er, „wenigstens nehme ich an, dass es um Sie ging.“ In diesem Augenblick fiel mir auf, dass er kein Patientenblatt bei sich hatte, keinen Block, überhaupt keine ärztlichen Requisiten. „Es war eine Lumpektomie bei Dr. Peter, ungefähr hier“, sagte er und zeigte mit einem dicken, sauber geschrubbten Finger auf meine Brust, „mit nicht deutlich abgrenzbaren Rändern. Sehr traurig, dass Sie Ihre Brust verlieren, obwohl der Krebs so früh erkannt wurde.“

Ich nickte. Er hatte sich ganz genau erinnert.

„Was ich mache, ist der Mercedes des Brustaufbaus“, sagte er, als beantworte er eine Frage, „die allerneueste Entwicklung.“ Das hier war kein Verkaufsgespräch – Dr. Black hielt uns einen Vortrag, und als säßen wir in seinem Seminar, lehnte sich Rob zurück, schlug die Beine übereinander und hörte mit schräg gehaltenem Kopf zu. Ich verschränkte die Arme wie eine skeptische Studentin und meine Körperhaltung drückte aus: „Beweise mir erst mal, dass du etwas Interessantes zu erzählen hast.“

„Angefangen hat alles mit der Bauchdeckenstraffung“, begann Dr. Black. Er bat mich, aufzustehen und ich rutschte von der Liege und lehnte mich neben Rob gegen die Wand. Mit einem schwarzen Filzstift, den er aus der Tasche zog, malte Dr. Black den Umriss einer sehr wohlgeformten Frau auf das weiße Papier, mit dem die Liege bespannt war. Er zeichnete die Brüste und den Nabel ein. Als nächstes zog er von einer Hüfte zur anderen eine große Ellipse um den Nabel. Sie sah aus wie ein langgezogener Football. „Dieses ganze Gewebe wurde entnommen und weggeworfen, bis jemand auf die Idee kam, man könne doch damit auch eine weibliche Brust aufbauen." Er ging an die Anmeldetheke, öffnete einen sterilen Behälter, nahm eine lange Schere heraus und schnitt den Football aus. Er erklärte, wie man beim üblichen TRAM flap das Bauchgewebe entnahm, es in die Brust schob, während die Blutgefäße noch intakt waren, und mit ihm eine neue Brust formte. Das demonstrierte er, indem er einen Streifen Papier ausschnitt, der von der Spitze des Footballs bis zum Schlüsselbein reichte. Dann faltete er ihn wie ein Akkordeon und zog den Football zur Brust hoch. Während er das Papier festhielt, erklärte er die Nachteile dieser Operation – das Blut muss hinunter zum Bauch und wieder hoch zur Brust fließen, in der Mitte der Brust lässt sich eine Verdickung nicht vermeiden und die ganze Sache ist unglaublich aufwendig –, der gesamte Bauchraum wird in Mitleidenschaft gezogen.

Rob und ich starrten die Papierfrau an und warteten auf den Clou. „Was ich tue", sagte Dr. Black", ist der sogenannte Free flap." Er riss die Ellipse aus ihrer Verankerung und legte sie genau über die Brust. „Ich entferne Haut und Gewebe vom Bauch und schließe die Blutgefäße an Ort und Stelle wieder an. Das Ergebnis ist hervorragend. Es gibt nichts Besseres."

Eine Moment lang herrschte Schweigen, während wir diese unglaubliche Beschreibung verdauten.

„Haben Sie kein ethisches Problem, wenn Sie Frauen aufschneiden und ihre Körperteile herumschieben?", brach ich die Stille.

Dr. Black lächelte. „Haben Sie Kinder?"

„Zwei Mädchen“, sagte ich.

„Nehmen wir ein, eins davon verliert einen Finger. Würden Sie mich ihn annähen lassen?“

„Natürlich“, sagte ich.

„Und wenn sie den Daumen verlieren würde und man könnte ihn nicht wieder annähen – würden Sie mich eine ihrer Zehen annähen lassen, damit sie wieder greifen kann?“

„Ja“, sagte ich. Dann, leiser: „Es ist erstaunlich, dass Sie das können.“

„Es ist kein so großer Unterschied“, meinte er. „Sie werden eine Brust verlieren und ich kann Ihnen eine neue machen.“

„Aber eine Brust ist etwas anderes als ein Daumen“, hielt ich dagegen, wobei mir Lisa und ihre halb zerstörten Lungen einfielen, die sie bei jedem mühsamen Atemzug spürte und für die es keinen Ersatz gab und ohne die sie nicht mehr da wäre, sollte eines ihrer Kinder je unter einem schwirrenden Sägeblatt einen Finger verlieren oder ihn sich in einer Autotür einklemmen. „Eine Brust ist nicht unbedingt notwendig.“

„Ich kann das nicht für Sie entscheiden.“

Aha!, dachte ich. Und warum nicht? Warum können Sie das nicht für mich entscheiden? Warum kann das niemand? Warum kann keiner von diesen teuren Ärzten mir sagen, was ich tun soll?

„Es ist eine gewaltige Operation“, sagte ich, Worte wiederholend, die ich von anderen gehört hatte.

„Ich will Ihnen nichts vormachen. Es ist eine große Operation“, antwortete Dr. Black, „und die Rekonvaleszenz dauert lange – ungefähr zwei Monate. Aber wenn Sie fünfunddreißig sind, sind zwei Monate nicht viel, gemessen am Rest Ihres Lebens.“

Mir kam die Frage in den Sinn, ob Dr. Black wohl schon fünfunddreißig war. Ich versuchte nachzurechnen, wie lange Medizinstudium, Praktika und Assistenzzeit zusammen dauerten.

Als könne er meine Gedanken lesen, fragte Rob jetzt Dr. Black nach seinen Referenzen aus – warum er nicht in einem großen Ärztezentrum arbeite, wo er studiert habe, wie seine Erfolgsrate aussähe. Dr. Black beantwortete gelassen jede Frage, geradlinig und aufrichtig, und konnte eine fast beunruhigend lange Liste praktischer Erfahrungen vorweisen. Zum Schluss fragte Rob, warum er diese Operation nicht in einer großen Klinik durchführte. „Es gibt acht Chirurgen in Los Angeles, die diese Operation machen“, sagte Dr. Black, „und wir können das überall. Alles, was ich brauche, sind acht Stunden und ein Mikroskop in einer der Kliniken, in der ich Belegbetten habe.“

Rob hatte es bereits die Sprache verschlagen.

„Aber ich habe schreckliche Angst“, sagte ich, das letzte Argument aus meinem Arsenal hervorholend. „Ich möchte mit einer Patientin sprechen, die von Ihnen operiert wurde.“ Ich wollte einen lebenden, atmenden Beweis, dass die Operation funktionierte, dass Menschen sie überlebten und dass sie nicht nur ein Taschenspielertrick war.

Dr. Black schüttelte den Kopf, sagte, es täte ihm Leid, aber das ginge nicht. „Aber ich habe solche Angst“, wiederholte ich. „Ich will mit jemandem reden, der es durchgemacht hat.“

„Tut mir Leid“, sagte er. Nicht einmal jetzt wirkte er, als wolle er uns etwas verkaufen.

Wir schüttelten ihm die Hand und sagten, wir würden uns bei ihm melden, aber wahrscheinlich eher nicht. Als wir ins Auto stiegen, sagte ich zu Rob, mir hätten seine Stiefel nicht gefallen und das Hemd auch nicht und dass ich mit keiner Patientin reden durfte schon gar nicht. Rob nickte und sagte, er sei beeindruckt von der Zeichnung und den Referenzen und dem Mitgefühl.

Ich ging schlafen, verwirrter den je.

Am nächsten Tag rief mich um die Mittagszeit eine Frau über Handy aus ihrem Auto an. Sie stellte sich als Lori Molina vor, Patientin von Dr. Black. Sie klang, als seien wir etwa gleichaltrig und hieß wie meine Freundin Lori. Sie habe vor etwa einem Jahr einen Free flap machen lassen, sagte sie, und könne mir Dr. Black ohne Einschränkung empfehlen. Ich notierte mir ihre Adresse und vereinbarte ein Treffen für den folgenden Abend.

Am nächsten Abend fuhr mich Rob quer durch die Stadt, damit ich mir die Brust einer unbekannten Frau ansehen konnte. Er parkte und blieb im Auto sitzen, während ich an der Wohnungstür klingelte. Wir waren zwei Blocks vom Strand entfernt und ich hörte, wie sich die Wellen am Ufer brachen. „Hallo, ich bin Jennie", sagte ich, als Lori an die Tür kam, „und das ist das Merkwürdigste, was ich je getan habe." Ich erwähnte nicht, dass es mir noch merkwürdiger vorgekommen war, als die Assistentin in der anderen Arztpraxis sich plötzlich das T-Shirt über den Kopf gezogen hatte.

Lori war eine hochgewachsene Frau mit kleinen, roten Locken und einem Porzellanteint. Sie stand vor mit wie eine Amazonenkönigin und mir fiel sofort auf, dass die Brüste unter ihrer lockeren Bluse groß waren. Sie bat mich herein und führte mich durch die Wohnung. Es sah aus wie in einer Studentenbude, die Regale bestanden aus Backsteinen und Brettern, die Sofas waren durchgesessen und die Küche war winzig, aber für Lori war es sicher wichtig, so nahe am Strand zu wohnen. Als wir an ihrem Mann vorbeiliefen, der zusammengesunken vor dem Fernseher saß, nickte er mir zu und sagte hallo. Ich lächelte verkrampft und fragte mich, was er wohl von alledem hielt.

Als wir ins Schlafzimmer kamen, knöpfte Lori die Bluse auf. Sie hakte vorne ihren BH auf und zeigte ihre Brüste. Sie waren riesig, rund, perfekt abgestimmt und symmetrisch und nur einen halben Meter von mir entfernt. Sie leuchteten so porzellanfarben wie Loris Gesicht und schienen fast schwerelos. Die aufgebaute Brust sah so warm und echt aus wie die auf der anderen Seite. Wären nicht der runde Hautfleck und drei schwarze Stiche neben der Brustwarze gewesen, hätte man nicht gemerkt, dass es sich um einen Hügel vollkommen empfindungslosen Bauchgewebes handelte, das wie von Zauberhand in eine Brust verwandelt worden war. Zunächst tat ich sehr nüchtern – oh ja, ich sehe die Stiche neben der Brustwarze, ja, ich sehe, was er mit der Narbe meint, die bis unter den Arm reicht – aber ich war fasziniert von der schönen Form der Brust. Es fiel mir schwer, nicht hinzustarren.

„Dr. Black hat die Brustwarzen erst vor wenigen Wochen gemacht“, erklärte Lori, „aber der Faden der Naht hat sich gelöst. Deshalb war ich gestern bei ihm. Er hat mir von einer Patientin in meinem Alter erzählt, die Angst hat, und da habe ich ihm angeboten, Sie anzurufen.“

„Hat das weh getan?“, fragte ich, „die Brustwarzen? Die Stiche?“ Die Naht bestand aus dickem, schwarzem Faden und zog sich durch wund aussehendes, rotes Fleisch.

Sie schüttelte den Kopf und zwickte sich in ihre neue Brustwarze. „Sie ist taub. Die ganze Brust ist taub. Er hat nicht einmal Narkose verwendet.“

Ich schluckte. „Aber wie war die Operation? Hat die weh getan?“

„Das war happig, ja, aber nichts im Vergleich zur Chemo“, sagte sie. „Und man kommt darüber hinweg.“ Als nächstes öffnete sie den Reißverschluss ihrer Hose und zeigte mir die Narbe quer über den Bauch, wo der Football zusammengenäht war. Sie war schon so weiß wie die Haut. Das Fleisch aus ihrem Bauch hatte an einer anderen Stelle ihres Körpers seinen Platz gefunden.

Ich schaute wieder auf die Brust. „Hätten Sie etwas dagegen, wenn ich sie anfasse?“, fragte ich – zum zweiten Mal in zwei Wochen.

„Ganz und gar nicht“, sagte Lori.

Ich streckte den Finger aus und fühlte warmes, nachgiebiges Fleisch. „Das können Sie nicht fühlen?“, fragte ich und ließ die Hand fallen.

„Ich merke, dass jemand mich berührt, mehr aber auch nicht.“

Während sie die Bluse zuknöpfte und den Reißverschluss an ihrer Hose hochzog, erzählte sie mir, wie man sechs Monate vor ihrer Hochzeit bei ihr Krebs entdeckt hatte und wie sie geheiratet hatte, obwohl ihr Haar, das durch die Chemo ausgefallen war, gerade erst nachwuchs. Sie zeigte mir ein Bild von sich mit ihrem Verlobten. Die roten Haare ringelten sich bis zur Hüfte. „Meine Haare waren mein Erkennungszeichen“, sagte sie wehmütig. „Ich hoffe, sie wachsen schnell nach.“

„Mir gefällt es so kurz, auch wenn Ihnen das nicht viel hilft. Es ist toll.“ Es war geradezu aufregend – eine Haarkrone aus dunkelroten Löckchen.

Sie fuhr sich mit der Hand durch die Locken und runzelte die Stirn. „Außerdem hoffe ich, dass meine Periode wieder einsetzt“, sagte ich, „ich wünsche mir so sehr Kinder.“

Meine Angst schrumpelte auf Erbsengröße zusammen. Diese furchtlose Frau musste mich nicht durch Worte ermuntern; es genügte, neben ihr zu stehen und sich von ihrem Mut anstecken zu lassen. Sie war gesund und intakt und das würde ich eines Tages auch sein.

„Das hoffe ich für Sie“, sagte ich.

Als ich mich an der Tür von Lori verabschiedete, gab ihr Mann ein unbestimmtes Grummeln von sich. „Eins noch“, sagte er und ich machte mich auf eine seltsame Bemerkung gefasst, „denken Sie daran: Wenn die dunklen Tage kommen, lassen Sie sie kommen.“ Nickend bestätigte er seinen eigenen, weisen Ratschlag. Ich wäre am liebten zu ihm gegangen und hätte ihn umarmt.

„Ich werd’s versuchen“, sagte ich. „Danke.“ Mir kam Rob in den Sinn, der da draußen im Auto auf mich wartete, und was er alles durchmachte – dass seine Frau Krebs hatte, war schon erschreckend genug, und nun wurde er auch noch davon ausgeschlossen, was in dieser Wohnung geschah. „Ihre Frau ist schön“, sagte ich noch, dann ging ich hinaus.

In der Woche darauf suchte ich Dr. Black noch einmal auf. Als er den Untersuchungsraum betrat – diesmal in einem kurzärmeligen Polohemd und Shorts –, lächelte er mich an: „Sie haben Ihre Meinung geändert.“

Das hatte ich. Loris Brust hatte mich überzeugt. Meine Brust würde nicht annähernd so spektakulär sein, aber ebenso warm und natürlich. Taub, aber lebendig genug, mit dem Rest von mir zu- oder abzunehmen, zu altern und Falten zu bekommen. Sie würde genauso zu mir gehören wie die ursprüngliche Brust – vielleicht sogar länger als diese – und all das durch einen Tag Operation und zwei Monate Rekonvaleszenz und den Aufbau einer Brustwarze, den ich nicht einmal spüren würde.

„Ich finde, Sie vollbringen Wunder.“

Dr. Black dachte eine tausendstel Sekunde nach, zuckte die Achseln und sagte: „Ich glaube, da haben Sie recht.“

Lektion 8

Menschen, die helfen, sind auch nur Menschen

Wenn Sie sich mitten in einer Krebsbehandlung befinden, haben Sie keine Kontrolle mehr. Chemotherapie-Patientinnen berichten, dass sie nie im Voraus wissen, wie sich ihr Körper in der nächsten Minute verhalten wird, und das ist eine ziemlich gute Beschreibung der gesamten Krebserfahrung. Jeder Arzt ist anders, jedes Medikament ist anders und jeder Tag ist anders. Dasselbe gilt für Freunde und Nachbarn. Sie verhalten sich nicht unbedingt so, wie Sie es gerne hätten oder wie es Ihren Vorstellungen entspricht oder wie es gut für Sie wäre – und daran können Sie nichts ändern. Hilfreiche Menschen tun ihr Möglichstes, und Sie tun Ihr Möglichstes, um gesund zu werden.

In den Wochen vor meiner Operation waren meine Tage und Nächte von Angst und Nervosität beherrscht und ich war völlig von dem Gedanken besessen, wie der Haushalt während meiner Abwesenheit funktionieren würde. Ich sollte fünf bis sieben Tage in der Klinik bleiben, aber ein Teil von mir inszenierte eine Welt, die ohne mich auskommen musste. Ein Teil von mir plante so, als käme ich nie mehr zurück.

Es war die Zeit der Weihnachtsfeiern und ich konnte mir nicht vorstellen, wie eine Person alleine alles bewältigen würde – nicht einmal Rob, der sich ja auch noch um mich kümmern musste, da ich selbst dazu nicht in der Lage sein würde. Um meine Nervosität zu bekämpfen, stellte ich einen Plan auf, der die Ereignisse der kommenden Tage in all ihren qualvollen Details auflistete und Freunde und Verwandte einspannte, die die Lücken füllen würden. Meine Mutter würde die Kinder in die Schule bringen, sie wieder abholen und mit ihnen in *Stuart Little* gehen, sobald der Film anlief. Meine Freundin Carol würde die Mahlzeiten koordinieren, die die Leute von der Kirchengemeinde bringen würden, und Denise koordinierte das Essen aus der Nachbarschaft. Lori stand auf Abruf bereit, wenn Carlyn oder Emily ein paar Stunden oder Tage versorgt sein mussten, und sie war auch meine Vertreterin, falls einer meiner Kunden wegen einer Überschrift oder Kapitelzusammenfassung in Panik geriet – was wenig wahrscheinlich war, da ich alle Arbeiten für Dezember und Januar schon erledigt hatte. Meine Schwester, mein Vater und Honeydew sollten helfen, wenn ich aus der Klinik kam und die anderen Helfer, wie ich vermutete, erschöpft sein würden.

Manisches Planen hilft paradoxerweise wenig gegen die Nervosität, die ihr zu Grunde liegt. Ich hatte alles organisiert und notiert, aber ich konnte nachts immer noch nicht schlafen. Ich stand auf, schrieb Weihnachtskarten und packte Geschenke ein und dachte dabei, dass, falls ich während der Operation starb, wenigstens alle etwas haben würden, das sie an mich erinnerte. Als keine Karten mehr zu schreiben waren, legte ich mich ins Bett und hörte mir auf dem Tonband eine Phantasiereise an. Eine wohlklingende, klare Frauenstimme führte mich Schritt für Schritt durch die Ereignisse, die einer Operation vorausgingen. „Sie liegen wach, aber schläfrig auf dem Tisch. Die Lichter sind sehr hell. Hören Sie die Geräusche der Ärzte und Schwestern, die sich auf die Arbeit vorbereiten, zu der sie ausgebildet wurden", legte das Tonband nahe. Ich klammerte mich an diese Bilder und Worte, als könnten sie mein Entsetzen bannen, als gäben sie mir ein Mindestmaß an Kontrolle in einer Situation, in der ich keine mehr haben würde. Die letzte Aufforderung auf dem Band lautete, ich solle mir vorstellen, wie meine Familie und die mir nahe stehenden Menschen in einem Kreis um mich stünden und sich an den Händen hielten. Es sollte ein Kreis der Liebe, der Friedens und der Heilung sein. In meiner Visualisation sah ich sie immer um ein Lagerfeuer stehen, aber sie bildeten keinen Kreis. Sie wirkten eher wie eine Parade von Menschen, die sich bemühten, immer weiterzulächeln, während sie dem Ende der Straße näher kamen.

Die erste Person, die anreiste, war meine Freundin Bridget. Sie flog zwei Tage vor der Operation von Philadelphia aus zu uns und ließ Mann und zwei Kinder zurück. „Ich kann nicht

nicht kommen", hatte sie mir ein paar Wochen vorher erklärt. „Ich helfe, wo ich kann. Ich muss einfach da sein." Ich wusste, was sie meinte: Wir sind füreinander so wichtig, dass es unmöglich wäre, in einer schwierigen Zeit abseits zu stehen. Ich hatte mit Bridget länger zusammengelebt als mit irgend jemandem sonst, abgesehen von meiner Familie, und kleine und große Probleme durchgestanden. Wir teilten uns als Erstsemester zufällig ein Zimmer im Studentenheim und blieben aus eigener Entscheidung zusammen, bis Bridget zwei Jahre nach dem Examen heiratete.

Sie kam zur Operation nach Kalifornien und veränderte die gesamte Atmosphäre im Haus. Sie strahlte eine Ruhe aus, die ich seit Monaten nicht mehr gekannt hatte. Eines Abends ging sie mit den Mädchen Hamburger essen, so dass Rob und ich in dem stillen Haus allein sein konnten. Sie schenkte mir eine alte Glocke mit der verblassten roten Inschrift „Freue dich", damit ich von Bett aus klingeln konnte. Am Abend vor der Operation lud sie uns alle ins Benihana ein, wo die Mädchen gegrillte Kammmuscheln aßen und aus Limonadegläsern mit Papierschirmchen tranken. Bevor wir an diesem Abend schlafen gingen, machte sie von Rob und mir ein Foto – einen Schnappschuss, auf dem man unsere müden, angespannten und ängstlichen Gesichter sieht.

Am Morgen der Operation sollte ich nicht frühstücken. Ich beschäftigte mich damit, den Mädchen ihre Pausenbrote zu richten, ihnen die Schnürsenkel zu binden und ihnen – ein letztes Mal – zu sagen, dass meine Mutter sie an den restlichen Wochentagen abholen würde. Ich hatte sie Bilder zeichnen lassen, auf denen ich im Krankenhaus lag und sich eine lächelnde Krankenschwester und ein lächelnder Arzt um mich kümmerten, weil ich irgendwo gelesen hatte, dass ihnen so etwas die Angst nahm. Pflichtschuldig zeichneten sie die Szene, und offenbar funktionierte es, denn sie wollten von mir nur die elementarsten Dinge wissen: ob sie mir fehlen würden und wann ich nach Hause käme. Ich war unglaublich dankbar, wie einfach und selbstbezogen ihr Leben war. Sie waren so leicht zufrieden zu stellen und zu lieben. Nichts anderes war dazu nötig als der Wunsch, bei ihnen zu sein, das genügte ihnen völlig. Ich setzte sie an ihren jeweiligen Schulen ab und umarmte sie nicht fester als sonst, dann tauchten sie in das Meer der Kinder ein wie an jedem gewöhnlichen Tag.

Meine Mutter erschien aufgeräumt und fröhlich, beladen mit Essen und Geschenken. Es schien so, als habe sie sich auf der zweistündigen Fahrt von Santa Barbara für eine optimistische Haltung entschieden. Sie lachte, als ich ihr meine Listen und Pläne in die Hand drückte und ihr zeigte, wo die Smarties für Carlyns Weihnachtsplätzchen-Party versteckt waren, aber als ihr das Ausmaß meiner Planungen aufging, erlosch ihr Lächeln. Als Bridget, Rob und ich dann ins Auto stiegen, um zur Klinik zu fahren, konnte sie ihre Besorgnis nicht mehr verheimlichen.

„Viel Glück", krächzte sie, als sie auf dem Rasen stand und winkte.

„Vergiss nicht, für Emily das Licht anzulassen", schrie ich zurück, während Rob schon losfuhr.

Im Vorbereitungsraum stellte ich mich hin und ließ Dr. Black mit einem schwarzen Stift Linien auf meinen Körper malen, die zeigten, wo er überall schneiden würde – Linien und Striche und links neben meinem Nabel ein großes X an der Stelle, an der die Haut für meine neue Brust entnommen werden würde. „Wow", sagte Rob, als er die vielen Linien sah. Er besah sie sich genau und versuchte zu verstehen, was jede von ihnen bedeutete. Bridget dagegen wurde grau im Gesicht und fing an zu weinen. Da erst kamen auch mir die Tränen, und ich schluchzte: „Ich weiß gar nicht, warum ich weine". Dr. Peter, der die Brust entfernen sollte, bevor Dr. Black mit dem Aufbau begann, trat an mein Bett und wischte mir wortlos die Tränen von den Wangen. Bridget presste die Hand auf den Mund, wie man es tut, wenn man keine Worte mehr findet.

Als der Anästhesist den Tropf anstellte, sagte ich Rob, dass ich ihn liebe. Ich weiß nicht mehr, wie ich von ihm weggeschoben wurde, aber ich habe eine vage Erinnerung von hellem Licht und Geschäftigkeit im OP – so wie es mir das Tonband mit der Visualisierungsübung angekündigt hatte.

Nach einer Free flap-Operation verbringt man vierundzwanzig Stunden auf der Intensivstation, damit die Krankenschwestern die Blutzirkulation in dem neu positionierten Bauchgewebe überprüfen können. Sie kommen jede Stunde mit einer kleinen Doppler-Maschine, mit der man auch den Herzschlag von Babys in der Gebärmutter abhört. In der ersten Nacht auf der Intensivstation war Bridget bei mir. Sie sagte mir später, ich habe wie tot ausgesehen, wie ich da so bleich und still im Bett lag. Ich erinnere mich nur an ihre Gegenwart und die Berührung eines kalten Waschlappens auf der Stirn. Es tat so gut – weil sie genau zu wissen schien, was ich brauchte und weil ihre Gegenwart so unkompliziert war.

Dann kam Rob. Er hielt meine Hand. Daran erinnere ich mich – und an die komplexere Beschaffenheit seiner Besorgnis. Ich konnte sie fühlen oder riechen oder empfinden. Er wollte mich so zurückhaben, wie ich gewesen war. Er wollte, dass das alles hier vorbei war. Er hatte nicht nur den Tod seiner Mutter vor sechs Jahren erlebt, er hatte auch zugesehen, wie sein Vater sich drei Wochen vor dem Tod seiner Mutter mit einer letzten, unmäßigen Dosis Scotch selbst umbrachte. Nach solchen Erfahrungen – und jetzt noch dieser hier – konnte sich Rob vor Sorge und Liebe kaum fassen. Ich wollte ihn bei mir haben, weil die Tatsache, dass ich atmete und mein Herz schlug, ihn tröstete, aber seine Sorge lastete schwer auf mir.

Später kam meine Mutter und rieb mir die Füße. Sie war bekümmert und unsicher – sie wusste nicht, wie sie mir helfen konnte, was sie mit Robs Angst anfangen und wie sie es verkraften sollte, dass sie diesen Tag nicht, wie so viele andere Tage, durch Organisationstalent und Durchhaltevermögen in den Griff bekam. Meine Mutter mag Krankheit nicht, und schon gar nicht Krankenhäuser und Blut. Als Kinder waren meine Schwester und ich zu der Erkenntnis gelangt, dass sie Kranksein nicht erlaubte. Ich arbeitete einmal mit einer Frau zusammen, die mir gestand, dass sie sich als Kind manchmal krank gestellt hatte, damit sie zu Hause bei ihrer Mutter bleiben konnte. Sie machte es wie im Film: Sie hielt ein Thermometer unter heißes Wasser, sie feuchtete die Laken an, um einen Schweißausbruch vorzutäuschen – und es klappte. Was mir an dieser Geschichte am meisten gefiel, war nicht, dass meine Freundin mit ihrem Manöver Erfolg hatte, sondern vor allem, dass ihre Mutter so nachsichtig war, denn ich hatte eine wesentlich praktischere Mutter. Diese schien mich durch ihre Willenskraft zum Gesundsein zu zwingen und ich war ihrem Willen immer gefolgt – bis jetzt.

Schließlich blieb ich zwei zusätzliche Tag auf der Intensivstation, weil ich mich ständig erbrechen musste. Meine spezielle Reaktion auf die Narkose betraf auch die Medikamente gegen Übelkeit, die man bekommt, damit die Krämpfe aufhören. Mir halfen sie nicht. Ich rollte mich zu einem Ball zusammen und wollte mich zwingen, nicht zu erbrechen. Es ging nicht. Ich würgte und würgte, obwohl mein Magen ganz leer war. Durch das ständige Würgen platzte eine Naht in meinem Bauch und innere Blutungen setzten ein. Ich bekam hohes Fieber. Mein Blutdruck fiel und ich erhielt erst eine, dann zwei Bluttransfusionen. Meine Situation war plötzlich kritisch.

Als spiegele es meinen eigenen Zustand, brach auch mein Helferteam auseinander. Bridget musste nach Philadelphia zurück und meine Mutter und Rob gerieten sich in die Haare. Sie wollten beide die Kontrolle behalten – über mich, über den anderen – und dabei konnte keiner gewinnen.

„Wenn sie nicht mit sich reden lässt, muss sie wieder nach Hause fahren“, verkündete Rob.

„Wenn er Ultimaten stellt, kann ich nicht bleiben“, schimpfte meine Mutter.

Sie hatten sich vorher noch nie ernsthaft gestritten, höchstens über die Frage, was die Mädchen zu Abend essen sollten, und jetzt, während ich auf der Intensivstation lag und in meine Bauchhöhle blutete, wurde ihr Zorn aufeinander so stark, dass sie nicht einmal mehr unter einem Dach schlafen konnten.

Ich hätte am liebsten geschrien: „Hört auf! Alle beide!“, als sei ich die Mutter und sie die Kinder. Ich wollte Bridget am Flughafen ausrufen lassen und sie anflehen, zurückzukommen, mit ihrem einfachen Koffer und ihrer einfachen Liebe. Ich wollte, dass meine Mutter fröhlicher wurde und mein Mann sich beruhigte und mein Körper heilte, damit diese vielen Sorgen nicht mehr nötig wären, aber ich hatte keine Kraft dazu. Ich erinnerte mich an eine Frau aus der Selbsthilfegruppe, die von der Chemotherapie so geschwächt war, dass sie es von der Toilette nicht mehr zurück ins Bett schaffte und im Flur einschlief. Das war im Haus ihrer Mutter passiert, wo sie während ihrer Krankheit wohnte. Als sie aufwachte, hörte sie, wie ihre Großmutter ihre Mutter fragte, wann sie endlich aufhören würde zu brechen und nach Hause ginge. Sie hörte dem Gespräch zu, empfand einen schmerzhaften Stich, neigte den Kopf und schlief wieder ein.

An meinem dritten Tag auf der Intensivstation brachte Rob Carlyn und Emily mit. Sie schenkten mir selbst gebastelte Karten mit Weihnachtsstickern und gemalten Herzen. Sie spielten mit den Knöpfen an meinem Bett und hoben und senkten das Kopfteil. Ich fragte sie, so munter ich konnte, wie die Schule lief und wie es ihnen gefiel, so viele Besucher im Haus zu haben und was sie gegessen hatten, aber ich konnte kaum erwarten, dass sie wieder gingen. Ich hatte das Gefühl, ich müsste jeden Moment brechen und wollte nicht, dass sie dabei wären. Ich schlug ihnen vor, in der Geburtsabteilung die neugeborenen Babys anzuschauen. Rob verstand den Wink, und Minuten später waren sie fort.

Nach vier Tagen war mein Zustand stabiler geworden und ich wurde in ein normales Zimmer verlegt. Plötzlich kam ich mir schrecklich allein vor. Rob passte auf die Kinder auf, die jetzt Ferien hatten, meine Mutter war nach Santa Barbara zurückgekehrt, und mein Vater und Honeydew waren auf ihrem Schiff unterwegs zu uns. Freude besuchten mich – Lori Logan und Jo – aber niemand wachte an meiner Seite. In meinem Zimmer lag noch eine andere Frau, der man in einer Notoperation die Gebärmutter entfernt hatte. Ein dünner Vorhang trennte uns und ich merkte kaum, dass sie da war. Einmal kam mitten in der Nacht eine junge Schwester, um mir Blut abzunehmen. Sie stach daneben, versuchte es noch einmal und traf die Vene wieder nicht. „Bitte“, sagte ich und unternahm damit den ersten, unglaublich anstrengenden Versuch, den Ablauf meiner Rekonvaleszenz zu beeinflussen, „könnten Sie nicht jemanden holen, der es gleich beim ersten Mal schafft?“ Die Schwester lief hinaus und ich begann zu schluchzen – vor Bestürzung, weil ich mich so schwach fühlte, und vor Wut, dass in der dunklen Nacht niemand da war, der sich für mich einsetzen konnte.

„Es wird schon werden“, sagte die Frau auf der anderen Seite des Vorhangs. Es klang irgendwie, als habe sich Gott entschlossen zu sprechen.

„Ich weiß nicht“, antwortete ich ins Dunkle hinein, „ich halte das nicht mehr aus.“ Ich meinte das Kranksein, das Bedürftigsein, das Geliebt-Werden, und zwar auf die unvollkommene Art, in der Menschen lieben.

„Sie haben viel durchgemacht. Es wird besser werden. Sie holt eine Schwester, die es richtig kann.“

„Danke“, murmelte ich und leckte mir die salzigen Tränen vom Gesicht.

Es wurde besser. Ich schaffte es, selbst auf die Toilette zu gehen. Ich schlurfte über den Flur in die Dusche, löste die vier Schläuche, die an mein Klinikhemd festgesteckt waren, setzte mich auf eine Plastikbank und ließ mir von Rob die Haare waschen. Ich ging mühsam, Schritt für Schritt, zum Schwesternzimmer, ein Kopfkissen gegen den Bauch gedrückt und fast 45 Grad vornüber gebeugt, um meinem Vater und Honeydew zu beweisen, dass es mir gut ging. Als der Schmerztherapeut kam, um eine bessere Kombination an Schmerzmitteln zusammenzustellen und sich als großer, gut aussehender Mann entpuppte, überlegten Honeydew und ich sogar zum Spaß, wie wir es anstellen könnten, dass er noch einmal kam.

Ende der Woche trat Dr. Black in mein Zimmer, in einen zerknitterten grünen OP-Kittel gehüllt, unter dem Arm eine vier Zentimeter dicke Mappe. Auf dem Etikett stand mein Name. „Wir haben glatte Ränder“, sagte er, „und freie Lymphknoten. Und wussten Sie, dass die ganze Brust von Krebs befallen war? Überall. Mit dieser Brustentfernung haben wir genau das Richtige getan. Der Pathologiebericht ist verblüffend. Sie hatten sehr, sehr viel Glück.“ Da alles Brustgewebe entfernt war, brauchte ich keine Bestrahlungen. Da die Lymphknoten frei waren und die Ränder glatt, brauchte ich keine Chemotherapie.

Ich wurde von einer Welle der Erleichterung überrollt, die mir fast den Atem verschlug, und meine Dankbarkeit strahlte hell wie die Sonne. Aber ich nahm auch eine Spur von Zweifel in mir wahr – einen Schatten von der Gefahr, die so nahe gewesen war. So leicht hätte alles anders ausgehen können. Dr. Black hätte vor mir stehen können, müde und verschwitzt, und mir sagen: Es tut mir sehr Leid. Es gab es keinen Grund, warum es so ausgegangen war, es war reines Glück. „Wow“, flüsterte ich überwältigt.

Ich rief meine Mutter und meine Schwester an, um ihnen die gute Nachricht mitzuteilen und fuhr unter einem riesigen Vollmond nach Hause. Es sei der größte Mond seit 365 Jahren, erklärte mein Vater, auf Grund einer ungewöhnlichen Konstellation von Mond und Erde. Unser Haus schien zu glühen und jemand hatte zu meiner Begrüßung am Gehsteig eine Kerze in einen Eimer mit Sand gestellt. Carlyn und Emily rannten mir in Schlafanzügen entgegen und hüpften vor der Autotür auf und ab. Als ich sie sah, brach ich in Tränen aus. Ich hatte sie in den letzten Wochen oft vergessen – und das war zuvor kaum geschehen.

„Sie sind so wunderschön", schluchzte ich.

Auch Rob weinte – zum ersten Mal seit meiner Diagnose. „Ja, das sind sie", stimmt er zu, während ihm die Tränen übers Gesicht liefen.

Im Haus setzte ich mich auf die Couch, während die Mädchen meine Slipper mit ihren Stickern bepflasterten – Hunde, Katzen, Engel und Weihnachtsbäume – und ich vor Angst zitterte, dass sie mir auf den Schoß hüpfen oder sich gegen meine Brust lehnen könnten. Als mein Vater mich am nächsten Abend unbedingt ins Auto laden wollte, um den gigantischen Mond mit mir zu bestaunen und unsere Existenz als Erdenwesen zu feiern, hielt ich den Atem an, weil ich Angst vor jedem Schlagloch und jeder Temposchwelle hatte. Es kam mir so vor, als hätte ich meine Zuteilung an Glück jetzt aufgebraucht und als sei die Welt ein sehr gefährliches Pflaster.

Meine Mutter kam drei Tage nach meiner Heimkehr zurück, eisern entschlossen, sich nützlich zu machen, indem sie uns an Weihnachten bekochte. Während Carlyn und Emily sich mit ihren neuen Spielsachen beschäftigten, bereitete sie ein umfangreiches Menü aus Roast Beef und Fladenbrot, Gemüse und Pastinakenpüree zu. Ich sah mir das Ganze vom Sofa aus an, als sei es ein Theaterstück. Meine neunzigjährige Großmutter, die den Tag bei uns verbrachte, saß neben mir und fragte, warum ich so anders sei als sonst. Ich versuchte zu erklären, dass ich eine schwere Operation hinter mir habe, aber das drang nicht zu ihr durch. „Es ist Krebs, Oma", rief ich schließlich. „Ich hatte Krebs." Zufrieden suchte sie sich ein neues Thema: „Warum arbeitet deine Mutter so viel in der Küche?“ Meine Mutter kochte, weil sie meine Mutter war, weil sie mich liebte und dankbar war, dass ich nicht sterben würde. Sie kochte, weil es das war, was sie konnte. „Sie arbeitet so viel, weil Weihnachten ist“, sagte ich.

Meine Mutter und Rob redeten nur das Nötigste miteinander und behandelten sich gegenseitig mit kühler Höflichkeit. Als das Essen vorüber war, räumte meine Mutter die vielen Reste ab, die uns noch eine Woche lang ernähren würden, wusch das Geschirr und brachte meine Großmutter nach Hause. Die Frage, ob sie diese Nacht unter demselben Dach wie Rob verbringen würde, wurde erst gar nicht gestellt.

Meine Schwester Laura – drei Jahre älter als ich und wesentlich unerschütterlicher – kam am nächsten Tag mit ihren beiden Töchtern aus Connecticut. Wegen ihrer Verpflichtungen als Musikdozentin an der Universität hatte sie nicht früher kommen können. Sie machte sich Vorwürfe, dass sie so spät erschien und jetzt nicht mehr viel helfen konnte, und obwohl ich ihr versicherte, dass ich über ihr Kommen erleichtert und dankbar war, überschlug sie sich vor Hilfsbereitschaft. Ich saß auf meinem Platz auf der Couch und sah ihr zu, wie sie alle vier Kinder dreimal am Tag fütterte, Ausflüge in den Park organisierte, mit ihnen ins Kino und in den Zoo ging und zwischendurch den Teppich saugte. An einem Nachmittag nahm sie den Baumschmuck ab, verpackte alle Anhänger in ihre Schachteln, wickelte die Lichterkette ein und schleppte den Baum vor die Tür, wo er abgeholt wurde.

Während Lauras Besuch begann mein Heilungsprozess. Der Schmerz in meinem Bauch ließ nach und damit mein Bedarf an Medikamenten. Laura beruhigte mich ein wenig hinsichtlich der Verstimmung zwischen meiner Mutter und Rob, indem sie mir gut zuredete, mit der Zeit würde sich das schon wieder einrenken, das Wichtige sei jetzt, dass ich gesund würde und zu Kräften käme. Endlich konnte ich mich entspannen und wieder schlafen.

Carlyn und Emily dagegen hatten allmählich genug von so viel Besuch und Aktivität. Für sie waren es lange drei Wochen gewesen.

„Ich möchte nur mit dir irgendwas machen", bettelte Carlyn.

„Ich bin bald wieder so wie früher", versprach ich.

„Wann?", wollte sie wissen.

„Wenn die Schule wieder anfängt", sagte ich.

„Kannst du dann wieder gerade stehen?"

„Noch gerader."

„Und rumlaufen?"

„Ein bisschen", sagte ich.

Sie nickte und richtete ihren Blick auf den Schulbeginn.

Am Sylvesterabend – dem Vorabend des neuen Jahrtausends – kamen mein Vater und Honeydew pünktlich zu einem großen Essen zu uns, das Laura mit all den Resten aus dem Kühlschrank für die Familie gezaubert hatte. Wir hatten gerade den Fernseher angestellt und schauten uns Bilder aus aller Welt an, als mein alter Freund Doug anrief und sich erkundigte, wie es mir ginge. Ich berichtete ihm die guten Neuigkeiten von den glatten Rändern und beschrieb, wie ich auf der Couch saß, umgeben von Kissen und Zeitschriften, Kindern und Teetassen. Ich hätte ihm auch von der merkwürdigen Fehde zwischen meiner Mutter und Rob erzählt, weil er uns schon so lange kennt und gelacht und verstanden hätte – aber mein Vater und Honeydew waren in der Nähe und auch Rob, und sie alle waren so hilfsbereit gewesen. Es schien mir nicht fair, darüber zu sprechen.

„Lisa ist auch zu Hause", sagte Doug.

Ich hielt den Atem an. „Zu Hause?"

„Sie war im Krankenhaus", erklärte er, und als ich schwieg, sagte er: „Hast du das nicht gewusst?"

„Nein!", rief ich entsetzt. „Was ist passiert?"

„Ihre Lungen haben sich mit Flüssigkeit gefüllt. Sie mussten eine Notoperation machen."

Mir stiegen die Tränen in die Augen. Sie hatte sich vorher keine Tonbänder mit Phantasiereisen anhören können.

Sie hatte sich keine Helfer organisieren können, die abwechselnd an ihrem Bett saßen. Sie hatte am Ende ihres Krankenhaustages keine gute Neuigkeit gehört – nur die, dass sie mit ihren zerstörten Lungen wieder atmen konnte, wenigstens ein Weilchen. „Geht es ihr gut?", fragte ich, in der albernen Hoffnung, Doug würde mir erzählen, dass sie gesund würde.

„Ich habe nur gehört, dass sie zu Hause ist", sagte er. Ich biss mir auf die Lippen. Hätte ich nicht gerade eine Brust verloren, wäre ich nicht gerade erst entlassen worden, dann hätte ich gewusst, dass Lisa diesen Rückschlag hatte, dann hätte ich Doug auch etwas Neues erzählen können und irgend etwas unternehmen, um sie zu trösten.

Ich schickte Lisa eine Karte, weil ich nicht anrufen und ihre Fragen hören wollte, wie es mir ging und wie die Operation verlaufen war. Ich wollte ihr nicht erzählen müssen, wie glücklich ich war, dass der Krebs nicht in mein Blut und meine Knochen vorgedrungen war. Ich schrieb nur, dass ich von ihrer schlimmen Erfahrung gehört habe und an sie denke.

Am übernächsten Tag erhielt ich ihre Antwort. Sie war typisch für Lisa. Sie schrieb: „Alle Operationen sind schlimm, aber ich habe gehört, dass deine besonders brutal war." Und sie schrieb: „Die Tests, die sie in der Klinik gemacht haben, zeigen, dass meine Tumore gewachsen sind."

Nach meinem Gespräch mit Doug musste ich an die frische Luft. Laura – die höchst ungern still sitzt – sagte, sie würde ein bisschen mit mir herumfahren. Wir stiegen ins Auto und fuhren kreuz und quer durch die Stadt, sahen uns Geschäfte an, die gerade schlossen, und Leute, die in letzter Minute noch für ihre Partys einkauften. Zufällig fuhren wir eine Straße entlang, die direkt zum Meer führte. Ich hatte nie daran gedacht, dass der Sonnenuntergang am letzten Abend des Jahrhunderts etwas zum Feiern wäre, doch am Straßenrand standen Menschen wie zu eine Parade, mit Picknickkörben, Ferngläsern und Teleobjektiven. Die niedrigen, dichten Wolken leuchteten orange und rosarot und die Leute starrten sie begeistert an. Wir bogen in eine Straße ein, die am Strand entlang führte und sahen gerade noch, wie die Sonne hinter den Horizont sank, riesengroß und still. Danach schien es sinnlos, aufzubleiben und das Feuerwerk anzuschauen.

In den Tagen danach fuhr Laura nach Hause, Rob ging wieder arbeiten und die Mädchen zur Schule. Mein Vater und Honeydew wollten unbedingt bleiben, damit sie mich begleiten konnten, wenn mir Dr. Black die Schläuche im Bauch entfernen würde, mir erklären würde, meine Heilung schreite schneller voran als erwartet und ich werde in kürzester Zeit wieder hergestellt sein. Als ich dann tatsächlich zu Dr. Black ging, drückte und stocherte er auf meinem Bauch herum und verkündete, er sei voll von altem Blut – ein Hämatom, nannte er es, was für mich nach einem blauen Fleck oder leichten Kopfschmerzen klang – und er habe keine andere Wahl als die Wunde wieder zu öffnen. Gut, dachte ich, und nahm an, er werde sie öffnen, säubern und sie mit seinem unsichtbaren Faden wieder ordentlich vernähen. Doch dann versenkte er seine behandschuhte Hand in meinem Bauch und presste von beiden Seiten von außen gegen die Wunde, um das alte Blut herauszudrücken, und ich krallte die Fingernägel in Honeydews Arm und verstand, dass gar nichts in Ordnung war. Er schickte mich sofort zur Wundversorgung in die Abteilung, in der Verbrennungen behandelt und furchtbare Wunden langsam und qualvoll geheilt werden.

Dort fotografierte sofort eine Schwester namens Heather meine Wunde. Es war ein klaffender Schnitt, so tief und breit wie ein Tischtennisball und dreimal so lang. Ich selbst sah die Wunde nie. Ich konnte den Anblick nicht ertragen. Einen Monat lang duschte ich auf einem Plastikstuhl mit zwei Waschlappen über dem Schoß, damit ich nicht hinsehen musste. Ich sah das Foto nur, weil es oben auf meiner Akte lag, die ich eines Tages aufgeschlagen vorfand. Eine Wunde wie diese kann man nicht nähen, sie muss von innen heraus heilen. Sie muss zweimal am Tag mit viel Gaze abgedeckt werden, damit sie sauber bleibt. Ich konnte ohne fremde Hilfe nur wenige Meter laufen und nicht Auto fahren, musste aber zweiunddreißig Tage hintereinander zur Wundversorgung, damit sie den Schnitt mit Kochsalzlösung, sterilen Wattestäbchen und anatomischen Pinzetten reinigen konnten. In jenem Monat tat ich nicht viel mehr als Sitzen und Schlafen. Carlyn und Emily schauten jeden Nachmittag Videos und baten mich jeden Tag aufzustehen und sie zur Schule zu bringen. Obwohl ich still saß, ruinierte ich mit all dem Blut, das aus der Wunder rann, eine ganze Schublade voller Unterwäsche, Hosen, Schlafanzüge, Laken und Handtücher. Jede Nacht, wenn Rob mit Handschuhen und angehaltenen Atem die Wunde versorgte, hielt ich mir ein Kopfkissen vors Gesicht und weinte, nicht nur, weil er so unerschöpfliche Reserven an Liebe und Geduld zu haben schien, sondern weil es eine so schreckliche Arbeit war und ich mir sicher war, ich würde dasselbe nicht für ihn tun können. Wie meine Mutter kann ich kein Blut sehen. Krankenhäuser machen mich nervös.

„Du würdest tun, was du kannst“, sagte er.

Lektion 9

Auch starke Frauen dürfen weinen

Kinder weinen bei allem. Sie weinen, wenn sie ihre Schuhe nicht finden, sie weinen, wenn die Wurst von ihrem Brötchen fällt, sie weinen, wenn es ausgerechnet an dem Tag regnet, an dem sie unbedingt in den Park wollen. Wenn man Kinder fragt, warum sie bei so kleinen und unbedeutenden Anlässen weinen, dann sagen sie: weil ich traurig bin – oder sauer, oder weil mir jemand weh getan hat. Irgendwo auf dem Weg von der Kindheit zum Erwachsensein vergessen wir, wie man weint. Wir vergessen, wie natürlich es ist, wie ausdrucksstark es ist und wie gut es tut. Doch wir können es wieder lernen.

Wovor ich mich am meisten fürchtete, nachdem Dr. Black die Wunde in meinem Bauch wieder geöffnet hatte, war die Übelkeit, und als habe sich meine Furcht entschlossen, vergnügt an die Tür zu klopfen und auf der Fußmatte zu kampieren, bekam ich Darmgrippe. Ich wusste, was auf mich zukam. Carlyn war es in der Nacht schlecht geworden. Ich war eigentlich nicht in der Lage, irgendwen zu bemuttern, aber der Instinkt war stärker und ich versuchte zu helfen. Ich stand auf und schlurfte auf der Suche nach Eimern und Handtüchern durch das Haus, während Rob Carlyns Kopf über die Toilette hielt. Ich hatte ein flaues Gefühl im Magen, aber das führte ich zunächst auf den Widerwillen zurück, den Erbrochenes auslöst. Erst am folgenden Abend, als Carlyn friedlich schlief, wusste ich, dass es kein Entrinnen gab. Ich wusste, ich würde mich übergeben müssen und nichts konnte das verhindern.

Ich fing an zu weinen. Zuerst nur stille Tränen.

„Was ist los, Schatz?“, fragte Rob, als er ins Schlafzimmer kam und mich sah.

„Ich muss brechen“, sagte ich. Er sah sich hektisch nach einem Eimer um.

„Nicht sofort“, sagte ich. „Aber bald. Das weiß ich genau.“

„Dann fahren wir jetzt gleich ins Krankenhaus“, sagte er. „Wir können die Mädchen nach nebenan bringen, dann fahren wir hin und du lässt dir Medikamente geben, bevor es zu spät ist.“ Er sprach von Medikamenten gegen Übelkeit. Intravenöse Infusionen. Nadeln im Arm. Er nahm an, dass jemand mit einer zwölf Zentimeter großen klaffenden Wunde im Bauch nicht ohne Hilfe erbrechen sollte.

Ich weinte heftiger. Mein Gesicht war verzerrt – die Augen zusammengekniffen, die Mundwinkel verzogen. „Ich will die Mädchen nicht nach nebenan bringen. Ich will nicht ins Krankenhaus“, schluchzte ich. Ich stellte mir vor, wie ich im Wartezimmer saß und wartete. Ich stellte mir vor, wie jemand eine Nadel in meinen Arm stach, in dem jede Vene schon durchstochen und verhärtet war. Ich stellte mir die kleine, rosarote, erdnussförmige Schale vor, die sie einem unter den Mund halten, wenn man sich übergeben muss.

Rob wurde wütend. „Entweder du fährst jetzt ins Krankenhaus und tust etwas oder du bleibst zu Hause und musst brechen. Was darf es sein?“

Nun wurde mein ganzer Körper vom Weinen geschüttelt – meine Schultern zuckten, mein Magen verkrampfte sich – und sogar dieses milde Würgen tat schon weh. „Sei nicht so gemein zu mir“, flüsterte ich.

„Ich bin nicht gemein, ich versuche dir zu helfen“, sagte er.

„Du bist gemein.“

„Jennie. Du hast zwei Möglichkeiten. Dir wird schlecht und du lässt es auf dich zukommen oder du gehst in Krankenhaus und nimmst etwas dagegen ein. Was willst du machen?“

Ich dachte kurz darüber nach. „Ich will keins von beidem“, sagte ich. Ich weinte so sehr, dass ich mit einer Hand den Kopf festhalten musste und mit der anderen gegen den Bauch drückte. „Aber wenn ich anfange zu brechen“, fuhr ich fort, „dann bringe ich mich um. Ich kann nicht mehr.“

„Gut“, sagte Rob. „Nach alledem, was wir getan haben, um dich zu retten, nur zu, bring dich um.“ Er kletterte ins Bett, schaltete das Licht aus, drehte mir den Rücken zu und schlief ein.

Meine Tränen wurden wieder lautlos, von der Art, die sich im Ohr zu kleinen Seen sammelt. Noch nie hatte ich mir so unendlich Leid getan. Ich wünschte mir, ich wäre tot und hätte keinen so verletzlichen Körper mehr. Ich überlegte, wie es wäre, ein schwebender Engel zu sein, sauber, weiß und blutleer, und der Gedanke gefiel mir.

Ich muss eingeschlafen sein, denn als ich aufwachte, war es drei Uhr nachts und ich wusste ohne jeden Zweifel, dass es jetzt soweit war. Die Erkenntnis dauerte ungefähr 0,6 Sekunden. Ich hielt mir den Mund zu und atmete durch die Nase ein, während ich meine Beine aus dem Bett hievte, mich auf die Seite rollte, meinen Körper vorwärts schob und aufstand. Ich griff mir ein Kopfkissen, tappte, so schnell ich konnte zur Toilette, kniete mich hin, presste das Kissen gegen den Bauch und übergab mich.

Als es vorbei war, hockte ich auf dem Boden und heulte laut auf. Ich heulte wie ein Kind, das sich schlecht behandelt fühlt. Es war einfach zu viel.

Rob stolperte ins Badezimmer und setzte sich in der Dunkelheit mir gegenüber. „Wie kann ich dir helfen?“, fragte er, plötzlich fürsorglich geworden.

„Gar nicht“, sagte ich und weinte nur noch mehr. Ich klang wie eine Eingeborene in einem elementaren Ritual, die den Mond oder die Götter oder beide anheult. Ich hörte mich selbst – diese merkwürdigen Laute, die ich von mir gab, dieses traurige Jaulen – und dachte flüchtig „Hoffentlich wachen die Mädchen nicht auf“, aber ich wollte nicht aufhören. Rob versuchte, mich zu trösten, aber in diesem Moment war Weinen das einzig Richtige.

Ich blieb eine Viertelstunde sitzen, das Gesicht dem Himmel zugekehrt, den Rücken an die Wand gelehnt, die Toilette neben mir, die Kinder im Bett, den Ehemann an meiner Seite. Und weinte.

Lektion 10

Nimm an, was andere dir geben wollen

Sie gehören wahrscheinlich zu denen, die gerne etwas geben. Dazu gehören viele, denn wir sind dazu erzogen, anderen zu gefallen. Es kommen jedoch Zeiten, da müssen wir aufhören zu geben und stattdessen nehmen lernen. Es ist nicht leicht – aber es zahlt sich aus.

Die meisten Leute glauben, dass Essen heilt. Couscous und Spargel, gebratenes Hühnchen, Truthahnsuppe, Makaroni mit Käse, Schokoladenpudding, selbst gebackenes Brot, gedämpfter Lachs, Lasagne, Tacos, Erdbeerkuchen. Das alles erschien auf meiner Türschwelle wie Manna vom Himmel, während ich darauf wartete, dass meine Wunde heilte. Gebracht wurde es von den Frauen aus der Nachbarschaft und aus der Kirchengemeinde, von den Müttern von Carlyns Klassenkameraden und der Leiterin von Emilys Vorschule. Es kam in Tuppergefäßen, in Backformen, auf Alu-Tabletts – manchmal vier Gerichte gleichzeitig – und das Essen stapelte sich gelegentlich, als würden wir eine Party feiern wollen oder ein Erdbeben erwarten. Jede Nacht setzten sich Rob, die Mädchen und ich an den Tisch und aßen eine komplette, vorgekochte Mahlzeit, und obwohl wir den Kindern ständig erklären mussten, warum die Fleischbällchen nicht so knusprig waren wie meine oder die Enchiladas keine Extraportion Käse hatten oder warum es schon wieder Lasagne gab, obwohl sie doch keine Lasagne mochten, konnten wir leben wie in normalen Zeiten.

Jemandem Essen vorbeibringen ist etwas Elementares. Selbst in unserer Welt der Mikrowellen und Pizza-Dienste hält sie sich wie eine Blume im Spalt des Straßenzements. Menschen in Ihrer Umgebung können nichts dagegen tun, dass Sie Brustkrebs haben oder eine Wunde im Bauch, aber sie können Sie jeden Morgen in die Klinik fahren, wenn Sie selbst das nicht schaffen, und sie können mitdenken und zu dem Schluss kommen, dass Sie am Ende des Tages hungrig sein werden – und das tun sie auch.

Zuerst war mir so viel guter Wille unangenehm. Ich wusste, dass eine der Mütter, die mir jeden Dienstag Essen brachte, ein Kind mit einem gebrochenen Arm hatte. Eine andere hatte ein Kind, das kürzlich als autistisch diagnostiziert worden war. Wieder eine andere hatte ein Einzelkind und konnte kein zweites mehr bekommen. Und dennoch brachten sie mir Gewürzschinken. Ich hatte das Gefühl, ihr guter Wille sei wie ein Konto, das ich sozusagen Topf um Topf leerte. Ich zerbrach mir den Kopf, wie ich mich jemals dafür revanchieren könnte.

Es war die zwölfjährige Cassi – das älteste Mädchen aus einer Familie mit fünf Kindern, die Fußball spielte, „Dankeschön"-Kärtchen schrieb, Romane las und Kekse buk – die mir zeigte, dass es hier nicht ums Zurückzahlen ging.

Cassi hielt nicht viel von der Heilkraft der Nahrung. Sie glaubte ans Babysitten. Sie blieb bei Carlyn und Emily, während Rob und ich zwölf Wochen lang dienstags die Treffen der Selbsthilfegruppe besuchten. Sie faltete die Puppenkleider und räumte die Bilderbücher auf und half Carlyn bei der Vorbereitung zu ihrem Buchstabiertest – und sie weigerte sich, einen Cent anzunehmen. Ich versuchte es mit List und schob ihr das Geld in die Jeanstasche, aber sie schüttelte den Kopf und sagte: „Nein, danke. Ich will nicht bezahlt werden."

Ich sprach ihre Mutter darauf an, weil ich glaubte, ich täte dem Mädchen einen Gefallen. Ihre Mutter erklärte mir: „Sie hält sich an das, was wir ihr beigebracht haben", und daraus folgerte ich, dass Cassi sich so verhielt, wie ihre Eltern es für richtig hielten.

„Aber das ist nicht fair gegenüber Cassi“, protestierte ich. „Sie opfert uns eine Menge Zeit!“

„Es war ihre Idee“, erklärte ihr Vater, und schon wieder musste ich umdenken.

„Sie hat ein soziales Projekt gesucht, das sie alleine anpacken kann, ganz aus eigener Kraft, und das sind Sie. Wir werden ihr auch weiterhin raten, Ihr Geld abzulehnen, weil wir ihren Eifer unterstützen wollen.“

Ich sah zu Cassi hinüber, die in der Tür stand und eine Haarsträhne um den Finger wickelte. Ich bin also ein soziales Projekt?, dachte ich. So schlecht geht es mir, dass ich ein soziales Projekt bin?

„Denken Sie doch daran, wie wenig Chancen eine Zwölfjährige hat, sich nützlich zu machen“, meinte Cassis Mutter, aber anstatt über das Leben einer Zwölfjährigen nachzudenken, dachte ich nur an Lisa und wie gerne ich ihr Enchiladas gebracht hätte und wie gerne ich ihre Jungs in den Park mitgenommen hätte und dass ich all das nicht tun konnte. Und ich dachte an Bridget, die mir gedankt hatte, dass ich sie hatte kommen lassen, und an meine Schwester, die mich immer wieder angerufen hatte, um zu hören, dass ich in der Woche nach Weihnachten noch Hilfe brauchte, denn das war die Woche, in der sie endlich kommen konnte. Wir alle wollen gebraucht werden. Wir alle wollen das Gefühl haben, dass wir etwas zu bieten haben. Und was ich während meiner Krankheit zu bieten hatte, war die bedingungslose Annahme der Hilfe, die andere Menschen leisten wollten.

Ich versprach, ich würde Cassi nichts bezahlen, bis es mir wieder gut ging, und ich hielt mich daran bis zu einem Abend im späten Februar, an dem Rob und ich nicht zu einem Arzttermin oder zur Selbsthilfegruppe gingen, sondern zum Abendessen in ein Restaurant.

Lektion 11

Bescheidenheit ist keine Zier

Ein Körper, der eine Brustkrebsbehandlung hinter sich an, ist vielleicht kein schöner Anblick, aber er kann einen inspirieren und bewegen – ein Anblick, der hilft, Leben zu retten. Verstecken Sie ihn nicht.

Von dem Augenblick an, in dem der Aufbau meiner rechten Brust abgeschlossen war, hatte ich das überwältigende Bedürfnis, mich in der Öffentlichkeit zu entblößen. Ich musste mich mit aller Willenskraft daran hindern, meine Bluse mitten im Gespräch aufzuknöpfen oder im Vorgarten den Reißverschluss meiner Jeans hinunterzuziehen. Ich musste mich daran erinnern, dass es nicht zum guten Ton gehört, den eigenen Körper nackt zur Schau zu stellen, selbst wenn er die größte Neuigkeit verkündet. Andere Leute haben einen neuen Job, über den sie reden können, ein neues Haus, ein neues Auto. Ich habe eine neue Brust, und weil sie aus einem Teil meines Bauches besteht, habe ich auch einen neuen Bauch.

Dieses Bedürfnis hatte ich früher nie. Ich war nie eine Exhibitionistin. Ich trug Büstenhalter und kaufte einteilige Badeanzüge, die die Körpermitte züchtig bedeckten. Natürlich habe ich meine Kinder auf der Parkbank und in dunklen Nischen im Restaurant gestillt, aber immer unter einer Decke, während Freunde oder Verwandte Wache standen. Natürlich habe ich mich manchmal in einer großen Umkleidekabine umgezogen, wenn vor den Einzelkabinen eine Schlange stand, aber ich dreht mich immer zur Wand, wenn ich das Oberteil auszog. Ich mochte meinen Körper, aber ich war zurückhaltend. Nach meiner Operation wurde das Schamgefühl unwichtig und das Wohlbefinden trat in den Vordergrund, wie bei einer Zweitbesetzung, die plötzlich die Hauptrolle spielen darf und sie nicht mehr hergibt.

Kürzlich bat mich ein erfahrener Fotograf, ihm für ein Bild zu posieren, das er für den Zeitungsartikel brauchte, den ich über meine Brustkrebserfahrung geschrieben hatte. Er war ein attraktiver Mann mittleren Alters, der mich, meinen Mann und meine Kinder in verschiedenen Arrangements in Haus und Garten aufnahm, damit man sah, dass wir eine glückliche Familie waren, die alles gut überstanden hatte. Nie war mein Wunsch, mich der Kleider zu entledigen, stärker gewesen. Ich wusste, dass jeder, der meine Geschichte las, auf meine Brüste starren würde. Mein Lächeln, meine Augen und meine Familie waren nur ein Teil der Geschichte. Das eigentliche Interesse galt meiner Brust – warum sie also nicht zeigen?

Die erste Person, der ich sie zeigte, war meine Pfarrerin Gina. Sie kam in die Klinik und erkundigte sich, wie es mir ging. „Hast du meine neue Brust gesehen?", entfuhr mir als erstes, und ich zog den Krankenhauskittel auseinander. Ich muss sie allen möglichen Leuten gezeigt haben – Rob, meiner Mutter, Lori, Bridget – aber ich erinnere mich nicht daran. Nur bei Gina weiß ich es noch, weil ich mich an ihre Reaktion erinnere.

„Ich habe sie gesehen, Jenny", sagte sie. „Aber hast du sie auch gesehen?"

Das hatte ich nicht. Ich hatte Angst vor ihrem Anblick und meinen Gefühlen dabei. Ich benutzte die Reaktionen der anderen, um mich zu wappnen. Die anderen waren der Spiegel, den ich hochhielt – und was ich von ihnen erfuhr, ihr „Meine Güte, die sieht aber echt aus!" oder „Man erkennt kaum einen Unterschied", sagte mir, dass ich nicht enttäuscht sein würde.

Schließlich riskierte ich einen Blick. Es war an einem Nachmittag, als Dr. Black mit seinem Doppler-Gerät erschien und den Blutfluss abhorchte. Er strich Gel auf die Markierungslinie und hielt das kalte Metall an meine gefühllose Brust. Ich schaute hin, weil es ein medizinischer, ein technischer Vorgang war und ich mich dadurch distanzieren konnte. Ich riskierte einen Blick und empfand eine sofortige Vertrautheit mit dem, was ich da sah. Es war trotz aller zornigroten Striche noch immer mein Körper. Es war, bei aller Fremdheit, eine schöne Form. Ich war stolz wie eine frisch gebackene Mutter.

Es ist eine Brust ohne Brustwarze – ein Hügel aus Bauchgewebe mit einem Flecken Haut von sieben Zentimetern Durchmesser an der Stelle, an der die Brustwarze einmal war. Die Chirurgen haben die Haut meiner Brust gerettet, aber die Brustwarze gehört zum Brustgewebe und musste weichen. Auf dem kleinen Fleckchen Haut sind winzige Härchen, die falsch herum wachsen, wie Grashalme, die sich zur Sonne recken. Eine dicke rote Narbe zieht sich um den Hautfleck, und eine zweite reicht bis unter die Achselhöhle, aber sie sind harmlos verglichen mit der großen Narbe an meinem Bauch. Dort liegt der sogenannte Entnahmeort. Ich nehme an, das sagen sie auch, wenn sie einen Wald umhauen: Wir entnehmen Bäume. Die große Narbe beginnt an einer Hüfte, senkt sich wie zu einem Grinsen und steigt auf der anderen Seite wieder hoch. Sie ist dreißig Zentimeter lang. Im Mittelpunkt des Grinsens ist ein flacher, glänzender Fleck, wo die große Wunde war. Er ist gespannt wie eine Trommel. Eine kleine Narbe umkreist meinen neuen Nabel, der an einem neuen, unnatürlichen Ort liegt. Mir ist er zu hoch geraten. Mein alter Nabel musste weichen, weil das Fett darunter gebraucht wurde.

Ich lasse alle meine Freundinnen hinschauen – nicht nur, weil ich das „Toll!“ und „Unglaublich!“ so gerne höre, sondern auch, weil ich allen demonstrieren will, dass ich nicht mehr dieselbe bin. Ich habe mich verändert. Wenn ich mich nicht meiner Kleider entledigen würde, würden sie das vielleicht gar nicht merken. Selbst in einem Badeanzug muss man zweimal hinsehen. Ich bin ein Wunder der modernen Krebsdiagnostik und die Empfängerin einer hauterhaltenden Brustamputation mit neuesten Techniken der Mikrochirurgie, und das weiß niemand, wenn ich es nicht zeige.

Also zeige ich es – in der Privatsphäre meines eigenen Hauses, wo es erlaubt ist. Ich knöpfe die Bluse auf, ziehe den BH rechts hoch und zeige es. Ich zeige es auch im Umkleideraum meines Fitness-Studios, in dem das Nacktsein durch stillschweigende Codes geregelt ist. Ich bedecke mich ganz bewusst nicht mit einem Handtuch. Ich gehe – offen und unübersehbar – vom Umkleideraum in die Dusche. Und niemand sagt ein Wort.

Rob hat sich an mein Verständnis von Wohlbefinden gewöhnt. Mein improvisierter Striptease hatte ihn zunächst nervös gemacht und er hatte Witze über seine einst so sittsame Frau gerissen. Jetzt jedoch bleibt er gerne bei der Show sitzen und gibt seinen Kommentar ab – über die Länge der Operation, die Fortschrittlichkeit der Methode, das bleibende Ergebnis. Und er mag die Brust ganz einfach. Es stört ihn nicht, dass sie von Narben überzogen ist, dass sie taub und empfindungslos ist, dass sie aus einem verpflanzten Stück Bauchfleisch besteht. „Die Form einer Brust ist einfach etwas Besonderes", sagt er achselzuckend, in dem Versuch, das Unerklärbare zu erklären.

Die Mädchen haben ihre eigenen Vorstellungen. Sie sehen meine Brust auch – wenn ich in die Dusche gehe oder mich anziehe – und ich versuche nicht, sie zu verstecken. Ihr Brustkrebsrisiko ist deutlich höher als normal, da sie eine Mutter haben, die vor der Menopause Krebs bekam. Sie müssen ihre

Brust später häufig untersuchen lassen und auf die innere Stimme hören, die ihnen möglicherweise sagt, dass etwas nicht stimmt. Wenn sie älter werden, meine Narben sehen und gleichzeitig spüren, dass ich mich in meinem neuen Körper wohl fühle, wachsen sie vielleicht nicht in Unwissenheit und Furcht auf. Vielleicht glauben sie einfach nur, dass sich ein Körper verändern kann. Er kann Narben bekommen, er kann sich wandeln, aber er ist immer noch schön.

„Das sieht aus wie die Augenklappe von einem Piraten", sagte Carlyn, als sie die Brust zum ersten Mal sah.

Beim zweiten Mal sagte sie: „Das sieht wie ein Lasso aus." Da hatte sie die Narbe unter dem Arm bemerkt. Als sie die große Bauchnarbe entdeckte, fiel ihr wieder etwas Neues ein: „Das sieht aus wie ein riesiger Smiley!", rief sie „und das eine Auge blinzelt!" Emily fragt, ob die Narben noch lange bleiben werden und wenn ich „für immer" antworte, kann sie das nicht recht begreifen. Sie hat ein Bild im Kopf, wie ein Körper aussehen muss und meiner passt nicht mehr in dieses Schema.

Einen Monat nach der Operation ging ich zu meiner wöchentlichen Untersuchung bei Dr. Black. Er verschrieb ein stärkeres Antibiotikum, um eine beginnende Entzündung meiner Wunde zu bekämpfen und schickte mich nach Hause. Ich war schon halb aus der Tür, als er mir nachlief: „Hätten Sie etwas dagegen, sie jemandem zu zeigen?", fragte er. „Einer Patientin, der die Brust abgenommen wird?"

Ich hatte mich nie einer Fremden gezeigt. Ich zögerte eine Sekunde – und dann dachte ich an Lori Molina und den Abend in ihrer Wohnung, an dem ich ihre Brust gesehen und mich zu der Operation entschlossen hatte. Sofort ging ich ins Untersuchungszimmer und schüttelte einer Patientin die Hand, die auf dem Stuhl saß. Sie war zwanzig Jahre älter als ich und aschfahl. Sie hatte die Arme um sich geschlungen, als wolle sie ihre Brust schützen, als hätte sie noch eine Chance, sie zu behalten. Ich lächelte und verstand, dass meine Anwesenheit in der Praxis an diesem Tag einen Sinn hatte. Die Frau hatte entsetzliche Angst, genau wie ich sie gehabt hatte. Und jetzt, nur einen Monat später, konnte ich ihre Ängste mildern. Ich zog mir das Unterhemd über den Kopf.

„Ich liebe meine Brust", legte ich los, „und ich habe noch nicht mal eine Brustwarze. Der Bauch ist nicht so schlimm", log ich. Ich sah, wie sich mich anstarrte und verfolgte, wie der Arzt die Narben mit dem Finger nachfuhr, darauf hinwies, wie weich das Gewebe sei und sein Zauberkunststück erklärte. Sie wurde nachdenklich und schien zu überlegen. Vielleicht war das doch etwas für sie. Vielleicht würde sie sich nach der Operation wieder heil fühlen. Vielleicht ist mein Körper die beste Werbung für eine jährliche Mammographie. Ich habe Narben, aber immerhin bin ich am Leben und kann sie zeigen und über sie sprechen.

Lektion 12

Manchmal sind es die Besten, die jung sterben

Eines Tages, sechs Wochen nach meiner Operation, um die Zeit, als sich die Wunde langsam mit einer dünnen, glänzenden Hautschicht schloss, legte der Paketbote ein Päckchen vor meine Haustür. Es war von Lisa. Darin lag eine CD mit Folk Music aus der ganzen Welt mit dem Titel „Women of Spirit“. Die Worte auf der Hülle stammten aus dem Essay „In All Ways a Woman“ von Maya Angelou:

Eine Frau zu sein ist harte Arbeit. Nicht ohne Freude und sogar Ekstase, aber dennoch harte Arbeit. Altwerden hat vielleicht nur damit zu tun, dass jemand mit bestimmten Genitalien und Langlebigkeitsgenen zur Welt kommt und das Glück hat, nicht von einem außer Kontrolle geratenen Lastwagen überfahren zu werden, aber eine Frau zu werden und zu bleiben, erfordert das Vorhandensein und den Einsatz von Genie. Die Frau, die intakt und glücklich überlebt, muss zart und zäh zugleich sein. Sie muss sich davon überzeugt haben – oder sich in dem unendlichen Prozess der Überzeugung befinden –, dass ihre Werte und ihre Entscheidungen von Bedeutung sind.

In dem Päckchen lag auch eine Karte. Vorne zeigte sie einen Ausschnitt aus einem Gemälde von der Madonna mit dem Kind, die in goldenes Licht getaucht sind. Das Kind hat seine Hand und seinen Kopf im Schlaf auf die Schulter der Mutter gelegt. Die Mutter schaut in die Ferne, als ziehe etwas ihre Aufmerksamkeit auf sich, aber sie bewegt sich nicht. Auf ihren Lippen liegt ein feines Lächeln und ihr Gesicht strahlt vollkommenen Frieden aus. In der Karte lag ein Blatt Papier:

Jennie,
ich freue mich, dass du dich von der Operation gut erholst. Tut mir Leid, dass ich mich nicht gemeldet habe. Ich hatte eine Komplikation nach der anderen – Infektionen durch die Bestrahlungen, beunruhigende Kopfschmerzen (ich lasse ein MRT machen, um sicher zu gehen) und ich schwanke zwischen Optimismus und Pessimismus. Optimismus kann ziemlich anstrengend sein, je nachdem, was passiert.

Zum Glück geht es Nathan und den beiden Jungen gut. Nathan hat zwei Wochen Urlaub genommen und wir räumen ein bisschen im Haus auf. Das erinnert mich an die Zeit vor unserer Hochzeit.

Ich würde so gerne mit dir reden, Jennie. Immer wieder denke ich, es geht halbwegs, und dann – peng – kommt etwas Neues. Das ist das Schlimmste – ich weiß nie, was mein Körper jetzt wieder macht. Wann kommst du mal nach Santa Barbara? Bekommst du

Bestrahlungen? Bleib stark, Jennie. Denk daran, dass du sehr geliebt wirst.

Deine Lisa.

P. S. Ein glückliches Neues Jahr an deine Familie von unserer.

P. P. S. Letzte Woche, bevor ich das hier abgeschickt habe, kamen noch mehr schlimme Neuigkeiten. Jetzt sind auch in meinem Gehirn Tumore. Ich bete fieberhaft …

Ich rief sie an und hörte zu, wie sie beschrieb, dass ihre Beine taub sind, ihre Kehle rau und ihr Körper ausgezehrt. Ihre Stimme klang so wie immer – voller Energie, immer zum Lachen aufgelegt. Sie erzählte, dass Nathan sie durch Schläuche füttere, und da ich daran dachte, wie Rob die Wunde versorgt hatte, die ich nicht einmal ansehen konnte, erwiderte ich, wie mutig sie sei, Nathan so in ihre Krankheit einzubeziehen. Sie sprach sehr liebevoll über die andere Art von Intimität und wie viel Glück wir bei der Wahl unserer Ehemänner gehabt hätten. Dann sagte sie, sie müsse auflegen, um Nathan beim Abwasch zu helfen.

Sie starb ein paar Wochen danach an einer Lungenentzündung. Sie lehnte Antibiotika ab und ließ sich nicht zu aufwändigen medizinischen Maßnahmen auf die Intensivstation bringen. Sie wusste, wann ihre letzten Stunden gekommen waren und nutzte sie, um den Menschen, die sie liebte, Lebewohl zu sagen. Ich habe gehört, dass sie ihrer kleinen Schwester sagte, es täte ihr Leid, dass sie gehen müsse.

Lektion 13

Deine Erfahrung ist kostbar – nutze sie

Heilung ist kein Wort, das Onkologen bei Brustkrebs verwenden. Sie sprechen stattdessen von Überlebensraten – wie viele Frauen wie viele Jahre nach ihrer Krebserkrankung noch leben. Deshalb kann man nicht sagen „ich bin geheilt", sondern „ich habe überlebt", und dann lernt man, dass Überleben bedeutet, im Wesentlichen dasselbe zu tun, was man auch vorher getan hat.

Lisa hat Annie Dillards *Der freie Fall der Spottdrossel* nie zu Ende gelesen, und sie hat das Mosaik auf der Wand in ihrem Garten nie als Ganzes gesehen. Sie sah ihre Söhne nicht aufwachsen. Und sie erlebte nicht, dass und wie sie zusammen mit ihrem Mann älter wurde, sie konnte ihrer Mutter bei deren Auftritten in Washington nicht applaudieren. Ich dagegen kann meine Mädchen immer noch zur Schule bringen, meinem Mann Essen kochen und die Geschichte schreiben, die – darin hätte mich Lisa bestärkt – unbedingt erzählt werden musste. Ich konnte sogar in ein Flugzeug steigen und zu Lisas Beerdigung nach San Francisco fliegen. Es war ein kalter, regnerischer Tag. In der Kirche leuchteten am Altar die hellen Gesichter der Sonnenblumen. Ich hörte die kühnen, tapferen Worte des Liebesgedichts, das Nathan vorlas. Ich stieg die Treppen zu Lisas Schlafzimmer hinauf und sah den Blick auf die Bucht, den sie beim Sterben vor Augen gehabt hatte – und ich weinte. Ich fühlte, ich sah, ich hörte, ich stieg Treppen, ich weinte: Ich bin noch da.

Was ich am meisten fürchte, ist, dass die Erfahrung irgendwann keine Rolle mehr spielt – dass ich in meinen Alltag zurückfalle. Das Leben kehrt so schnell zur Normalität zurück.

Manchmal rufen mich noch Leute an und fragen, wie es mir geht und ich höre die Anspannung in ihrer Stimme – die dunkle Färbung, die mir sagt, dass sie nicht nur nach meinen Alltagserlebnissen fragen. Manchmal gibt es einen Augenblick, da weiß ich nicht mehr, was los war und frage mich: Was meinen sie denn eigentlich? Wissen sie, dass mir manchmal die Füße weh tun, wenn ich zu viel Tennis gespielt haben? Wissen sie, dass ich dieses Jahr schlimme Allergien hatte? Und dann erinnere ich mich plötzlich – ach, richtig. Ich bin jetzt eine Krebspatientin, die überlebt hat.

Ich kann nicht behaupten, dass die Leute enttäuscht sind, wenn sie hören, dass es mir gut geht, aber natürlich ist das undramatisch und irgendwie weniger spektakulär. So war es auch, als ich keine Chemotherapie brauchte. Die Schrecken dieser Art von Therapie sind so sehr mit den Schrecken der Krankheit verbunden, dass ich immer dann, wenn ich erzählte, ich bräuchte keine, das Gefühl hatte, als betrüge ich sie um etwas. Die Worte „Mir geht's gut" sind emotional nicht aufwühlend. Eine Krebsgeschichte hat kein klares, eindeutiges Ende, wenn die Protagonistin nicht stirbt.

Sechs Monate nach meiner Brustamputation war ich in einer Umkleidekabine im Kaufhaus. Meine Freundin Sally stand in der Kabine neben mir. Carlyn und Emily und Sallys vierjährige Tochter Caylie krabbelten unter den Trennwänden hin und her. Sie kicherten und lachten und versicherten uns, wie toll wir in den Kleidern aussähen, die wir anprobierten. An einem Punkt hatten sich gerade alle Mädchen in meiner Kabine versammelt, als ich in BH und Unterhose dastand. Meine Kinder reagierten nicht darauf, aber Caylie blieb vor mir stehen und starrte auf meinen Bauch.

„Was ist das?", fragte sie und deutete mit dem Finger darauf.

„Nur eine Narbe", sagte ich und zog ein T-Shirt über.

„Was ist dir passiert?", wollte Caylie wissen.

„Ich hatte ein großes Aua", sagte ich.

Caylie akzeptierte die Antwort, aber später bekam ich Zweifel an meiner Antwort. Ich hätte das Wort *Brustkrebs* aussprechen sollen. Ich hätte das Wort *Überlebende* aussprechen sollen. Ich hätte ihr sagen sollen, dass es mir jetzt gut ging. Ich habe ihr etwas Wichtiges über Krebs mitzuteilen und ich hatte die Chance dazu vertan.

Es ist diese Tendenz, das Geschehene zu ignorieren – die Tage im Krankenhaus und die Nächte auf dem Badezimmerboden zu vergessen, die Lektionen, die ich durch den Krebs lernte, nicht länger zu schätzen –, die mich dazu brachte, an einer großen Kundgebung zum Thema Krebs teilzunehmen. Es ist genau das, was ich hasse – verstopfte Straßen, endlose Parkplatzsuche, Chemie-Klos, das Gedränge und der Geruch von Tausenden von Körpern. Ich ging hin, weil ich mich Überlebende nennen wollte.

Zuerst suchte in den Stand der „Überlebenden", an dem ich einen weißen Hut erhielt, der zeigte, dass ich selbst gegen den Krebs gekämpft hatte. Dann ging ich weiter an einen Tisch, auf dem weiße Schilder und dicke blaue Filzstifte bereit lagen, mit denen man die Namen der Menschen aufschrieb, zu deren Gedenken man mitlief. Ich kannte viele Brustkrebspatientinnen, aber ich schrieb nur einen Namen auf mein Schild: Lisa. Die Pointer Sisters stellten sich auf ein Podest und sangen die amerikanische Nationalhymne – und ich weinte wieder einmal, bewegt von den Worten über die explodierenden Bomben und die lange Nacht und wie am Ende doch das Symbol der Hoffnung zu sehen ist.

Wenige Minuten später marschierte ich auf der Straße mit und versuchte, in der Menschenmenge Carlyn und Emily nicht zu verlieren; gleichzeitig sorgte ich mich um Rob und meine Mutter, die ihre Differenzen beigelegt und mich begleitet hatten. Ich war durstig und musste auf die Toilette. Emily beschloss nach zehn Metern, dass sie genug vom Laufen hatte, und wollte getragen werden. Sie wolle nach Hause, verkündete sie. Viele Menschen trugen weiße Hüte – Alte und Junge, Kahlköpfige und Rollstuhlfahrer –, so dass die Hüte fast aussahen wie ein modisches Accessoire. Jede und jeder hatte einen Namen – manche auch zwei, drei oder zehn – mit dickem Stift auf das Schild geschrieben. Ich fühlte mich schon weniger außergewöhnlich. Ich hätte ebenso gut in Disneyworld oder irgendwo anders in der Schlange stehen können – an einem Ort, an dem sich die Menschen drängen und einem gemeinsamen Ziel zustreben.

Doch ich erkannte, dass es nicht darum ging. Wir überstehen die Krankheit und fügen uns wieder in die Menge ein und wissen heute nicht, ob wir morgen noch leben werden, aber wir gehen hinaus und erzählen unsere Geschichten und nennen uns Überlebende. Eines wissen wir sicher: Heute sind wir lebendig.

Epilog

Ungefähr neun Monate nach meiner Brustamputation drehte Dr. Black ein Stückchen Bauchhaut auf meiner neuen Brust zusammen und machte mir eine Brustwarze. Wenige Wochen danach tätowierte er sie in einem rosigen Braun. Ich ließ Rob die Tätowierung erst sehen, als der Schorf abgefallen war, weil ich seine Reaktion vorausgesehen hatte. Meine neue Brust war nicht länger etwas so Besonderes; sie sah aus wie echt. Als ich sie Rob zeigte, fiel ihm vor Staunen buchstäblich der Unterkiefer herunter. Die neue Brust sieht der ursprünglichen so ähnlich, dass es mir wie ein Wunder vorkommt. Aber ein wenig enttäuschend ist es auch: Durch den Erfolg tritt das dramatische Geschehen in den Hintergrund. Es ist möglich, in einem bestimmten Licht meine Brust anzusehen und die Narben gar nicht zu bemerken.

„Gut so", sagte Dr. Black. „Das Ziel ist, dass das alles hier langweilig wird. Eines Tages werden Sie meinen Namen vergessen. Möglicherweise vergessen Sie sogar, dass Sie Brustkrebs hatten."

Er hat natürlich Recht – manchmal vergesse ich, was ich durchgemacht habe. Stunden und Tage vergehen, an denen ich nicht an Krebs denke. Es ist so, wie wenn man auf einer dieser langen, geraden Fernstraßen durch den amerikanischen Westen fährt: Man fährt und fährt und fährt und sieht nur Felsen und Salbeibüsche und Telefonmasten und hört Musik und trinkt aus der Thermosflasche und hat das Gefühl, dass auf der

Welt nichts anderes existiert außer dem Auto und den Felsen – und dann taucht plötzlich ein Straßenschild auf und darauf steht: Barstow: 235 Meilen“, und es fällt einem plötzlich wieder ein, dass man fährt, um irgendwo anzukommen.

Die Straßenschilder für Brustkrebs sind die Überschriften in der Zeitung; die Bitten, Freunde zu sponsern, die an Benefiz-Läufen teilnehmen oder Hilfsorganisationen Geld zu spenden; die Nachricht, dass jemand aus der Bekanntschaft Krebs hat; ein merkwürdiges Zwicken oder eine raue Stelle am Hals oder auf dem Rücken oder an der Zehe; der Nachsorge-Termin, den man herunterspielt, weil man ja weiß, dass alles in Ordnung sein wird, und vor dem man trotzdem möglichst noch rasch sein Leben aufräumt, weil es ja sein könnte, dass man doch wieder in einer Krise landet.

Das passiert. Es ist Lori Molina passiert, der Rotgelockten mit den schönen, vollen Brüsten und dem großen Herzen. Sie fand einen zweiten Knoten neben dem Brustbein. Ein Knochen-CT ergab Metastasen im Gehirn. Ihre Ärzte taten, was sie konnten, aber sie starb mit einunddreißig an Brustkrebs. Ich habe sie nur zweimal getroffen – einmal, als sie mir ihre neue Brust zeigte und noch einmal, als ich ihr in der Praxis von Dr. Black zufällig begegnete – aber ich war erschüttert von der Nachricht über ihren Tod. Ich schwor, ich würde zur Erinnerung an sie für andere Patientinnen das tun, was sie für mich getan hatte. Ich würde sie beraten und ermutigen und sie meine Brust sehen lassen und ihnen an meinem Beispiel zeigen, dass Krebs eine Frau stark, mutig, gelassen und zufrieden machen kann. Dr. Black gibt meine Nummer den Patientinnen, die besonders viel Angst haben und sie kommen zu mir nach Hause – eine Prozession verängstigter Krebspatientinnen.

„Wirst du wieder Brustkrebs bekommen?“, fragt mich Emily manchmal, wenn eine dieser Frauen gerade wieder gegangen ist.

„Nein“, sagte ich, und dann füge ich hinzu, was der Wahrheit näher kommt: „Wenigstens hoffe ich das.“

„Bekomme ich Brustkrebs, wenn ich groß bin?“, fragt sie.

„Nein“, sagte ich – diesmal ohne Zweifel, denn ich vertraue darauf, dass wir ein Heilmittel finden, dass wir die Ursache finden und dass alle Lektionen, die wir gelernt haben, eines Tages eine positive Wirkung zeigen – „das wirst du nicht.“

Dank

*D*ieses Buch war von Anfang an eine magische Erfahrung, und einen Teil des Zaubers erhielt es in kleinen, stetigen Dosen von den Menschen, mit denen ich mich täglich unterhalte. Ich möchte meinem Mann, Rob Robertson, dafür danken, dass er nicht nur das Licht, sondern auch die Dunkelheit mit mir geteilt hat; meiner Landsmännin Jo Giese, die immer ans Telefon ging; meiner Nachbarin Denise für lange Spaziergänge und offene Ohren; meiner Freundin Lori Logen für ihre handfesten Lebensweisheiten; und meiner Familie – Laura Nash Caldwell, Sandy Nash, Rod Nash und Honeydew Nash Murray – die mich immer wieder aufgemuntert hat.

Zauberhaft waren auch die starken und verständnisvollen Reaktionen auf die Idee, dieses Buch zu schreiben und auf das Manuskript in den verschiedenen Stadien seiner Vollendung. Ich danke Betsy Carter, Judy Davis, Lisa Owens, der Abgeordneten Lois Capps, Nathan Brostrom, Joe Molina, Janet Barker, Claire Noland, Stewart Burgess und Barbara Abercrombie. Ein Dankeschön geht auch an Bruce Hazelton und Kelle Brown, die mich so gut aussehen ließen.

Dank gebührt meiner wunderbaren, klugen Agentin Betsy Amster, die die Substanz der Geschichte so früh erfasst hat und dem großartigen Team bei Scribners für seine Zeit und seine vielen Talente. Besonders möchte ich meiner ersten Lektorin Jane Rosenman für ihre Ausdauer und ihren Glauben an das Projekt danken sowie meiner zweiten Lektorin Beth Wareham, die sich mit Charme, Weisheit und Geduld in den Kampf warf; Ethan Friedman, dem loyalsten und fähigsten Lektoratsassistenten auf Gottes Erdboden, danke ich für die beste Reaktion auf den Titel, und Sue Fleming dafür, dass sie so viele Einzelteile zusammengefügt hat.

Ein besonderer Dank geht an Dr. James Jens Black für seine Leistung, für die er nicht nur ein Buch, sondern ein Denkmal verdient hat, und Dr. Anna Mellor für ihre unglaubliche Intuition. Euch, den Mitgliedern der Kirchengemeinde von Christ Church Redondo Beach danke ich für eure Unterstützung, eure Eintöpfe und eure Gebete; Bridget O'Brian und Janet Krolman für die Besuche, und schließlich gilt mein Dank all meinen Freunden, Verwandten und den Nachbarn von Seaside, die mir bei meiner Heilung beigestanden haben und später gemeinsam dazu beitrugen, dass ich davon berichten konnte.